개정판

ほかほか日本語

STEP 1

고혜정 지음

본 교재는 일본어를 처음 접하는 학생들에게 알기 쉽게 그리고 흥미를 가지고 한 학기 동안 마스터 할 수 있도록 총12과로 구성되었습니다. 일본으로 처음 유학을 가서 생활하면서 흔히 접할 수 있는 여러 상황별 장면설정으로 기초 생활회화 중심의 짜임새 있는 스토리를 담았습니다. 특히 본 교재는 외국어를 배울 때 중요한 언어의 4 가지 기능, 즉 듣고 말하고 읽고 쓰는 기능을 총체적으로 골고루 학습할 수 있도록 고려하였습니다.

본 교재의 최종적인 학습목표는 자신의 의사를 간단하게 일본어로 표현하고 말하는 회화 능력을 배양하는데 있습니다. 아무쪼록 자연스럽고 살아있는 일본어 학습을 희망하는 여러분들이 본 교재를 통해서 일본인과 간단한 의사소통을 할 수 있는 기반이 되기를 기대합니다.

마지막으로 본 교재를 출판하는데 도움주신 제이앤씨 관계자 여러분께 진심으로 깊이 감사드립니다.

2019년 2월

솔향기 가득한 교정에서

저자

이 책의 구성

1. **학습 포인트와 기본문형**
   각 과에서 학습해야 할 학습항목과 기본 문형패턴을 제시함.

2. **회화연습**
   실제적으로 일상생활에서 일어날 수 있는 상황별 장면 설정의 회화를 연습함.

3. **새로운 단어와 표현**
   각 장에서 제출되는 새로운 단어와 표현은 실제 생활에 자주 쓰이는 말로 제시함. 학습자의 편의를 위해서 한자의 よみがな와 그 의미를 정리해 둠.

4. **문형해설**
   기본적인 문법 설명과 예문을 제시하여 자연스런 일본어 표현문형을 학습함.

5. **문형연습**
   연습문제를 풀면서 문법항목의 확인과 기본적인 문형을 반복 연습함.

6. **들어봅시다**
   회화연습의 본문 내용을 듣고 이해할 수 있도록 반복적인 청해 연습을 함.

7. **말해봅시다**
   기본 문형을 다시 응용해서 말로 표현할 수 있도록 확인 연습함.

8. **써봅시다**
   각 과에서 꼭 알아 두어야 할 문법항목과 기본 문형패턴을 활용한 단문 쓰기연습을 함.

9. **그림으로 익히기**
   그림을 통해서 일상에서 자주 쓰이는 생활어휘와 문화를 익힘.

주요 등장인물

イム·ユリ

임유리 한국대학교 일본어과 2학년
현재, 일본시부야대학 교환유학생

ユ·ジヌ

유진우 일본시부야대학 무역학과 3학년
현재, 유학생

山下(やました)ユミ

야마시타 유미 일본시부야대학 한국어과 4학년
임유리의 튜터

武田(たけだ)ひろし

다케다 히로시 일본시부야대학 무역학과 3학년
유진우의 친구

池田(いけだ) 明(あきら)

이케다 아키라 일본시부야대학 교수
임유리의 지도교수

차 례

차 례

제1과

문자와 발음 1

학습포인트

1. ひらがな
2. カタカナ
3. 한자
4. 청음 | 清音
5. 탁음과 반탁음 | 濁音과 半濁音

일본어의 문자와 발음

일본은 한자가 전래되기 전까지 문자가 없었다. 한자가 전래 된 후, 한자의 본래의 뜻과는 상관없이 음만을 빌려서 일본어로 표기하였다. 이것이 현대 일본어의 문자가 성립되기 전의 가나문자의 하나이다. 이 때 가나 (仮名) 라는 명칭은 한자를 뜻하는 마나 (真名) 라는 말과는 구별되어 사용된다.

일본어의 문자는 크게 히라가나 (ひらがな), 가타카나 (カタカナ), 한자 (漢字) 로 사용하여 표기한다. 그 밖에 로마자, 숫자, 문장부호 등도 사용되고 있다. 그 예는 다음과 같다.

예 K-POP ランキング 1位。
2PM が大好きです。

1 히라가나 (ひらがな)

한자의 초서체를 더욱 간략히 해서 만들어진 문자로 10세기 초 (헤이안시대) 에 성립되었다. 주로 여성이 일본전통시가 (和歌) 나 편지, 일기를 쓸 때 사용하기 시작하여 현재 히라가나에 이르렀다. 이 명칭은 근대에 와서 정착되었다.

2 가타카나 (カタカナ)

한자 획의 일부분을 따서 만들어진 문자이다. 10세기경에 성립된 것으로 처음에는 불교의 경전 등의 한자의 발음이나 뜻을 나타내기 위해서 사용되었다. 현재는 외국의 인명이나 지명, 외래어, 의성어, 의태어, 강조문 등에 사용되고 있다.

50음도표

오십음도란 가나 문자를 일정한 원칙에 따라 5개의 단과 10개의 행으로 배열된 것을 말한다. [ ]는 음성기호를 나타낸다.

히라가나

행 단	あ	か	さ	た	な	は	ま	や	ら	わ
あ	あ	か	さ	た	な	は	ま	や	ら	わ
	[a]	[ka]	[sa]	[ta]	[na]	[ha]	[ma]	[ja]	[ɾa]	[wa]
い	い	き	し	ち	に	ひ	み		り	(ゐ)
	[i]	[ki]	[ɕi]	[tɕi]	[ɲi]	[çi]	[mi]		[ɾi]	[i]
う	う	く	す	つ	ぬ	ふ	む	ゆ	る	う
	[ɯ]	[kɯ]	[sɯ]	[tsɯ]	[nɯ]	[ɸɯ]	[mɯ]	[jɯ]	[ɾɯ]	[ɯ]
え	え	け	せ	て	ね	へ	め		れ	ゑ
	[e]	[ke]	[se]	[te]	[ne]	[he]	[me]		[ɾe]	[e]
お	お	こ	そ	と	の	ほ	も	よ	ろ	を
	[o]	[ko]	[so]	[to]	[no]	[ho]	[mo]	[jo]	[ɾo]	[o]
										ん
										[n,m,ŋ,N]

가타카나

행 단	ア	カ	サ	タ	ナ	ハ	マ	ヤ	ラ	ワ
ア	ア	カ	サ	タ	ナ	ハ	マ	ヤ	ラ	ワ
	[a]	[ka]	[sa]	[ta]	[na]	[ha]	[ma]	[ja]	[ɾa]	[wa]
イ	イ	キ	シ	チ	ニ	ヒ	ミ		リ	(ヰ)
	[i]	[ki]	[ɕi]	[tɕi]	[ɲi]	[çi]	[mi]		[ɾi]	[i]
ウ	ウ	ク	ス	ツ	ヌ	フ	ム	ユ	ル	ウ
	[ɯ]	[kɯ]	[sɯ]	[tsɯ]	[nɯ]	[ɸɯ]	[mɯ]	[jɯ]	[ɾɯ]	[ɯ]
エ	エ	ケ	セ	テ	ネ	ヘ	メ		レ	(ヱ)
	[e]	[ke]	[se]	[te]	[ne]	[he]	[me]		[ɾe]	[e]
オ	オ	コ	ソ	ト	ノ	ホ	モ	ヨ	ロ	ヲ
	[o]	[ko]	[so]	[to]	[no]	[ho]	[mo]	[jo]	[ɾo]	[o]
										ン
										[n,m,ŋ,N]

3 한자

중국의 한자에서 전래되면서 사용하기 시작하였다. 읽기방법에는 음독과 훈독이 있다. 그 예는 다음과 같다.

한자	읽기 방법			
	음독		훈독	
国	こく	국	くに	나라
学	がく	학	まなぶ	배우다

그 밖에 국자 (国字) 가 있다. 이것은 일본에서 만들어진 한자이다.

예 働(はたら)く、躾(しつけ)、峠(とうげ)

1. 청음 (清音)

가나 (仮名) 에 탁점 (濁点)「゛」이나 반탁음부호 (半濁音符)「゜」가 붙지 않는 문자로 맑은 소리를 나타낸다. 이 음은 성대가 울리지 않는 무성음 (無声音) 이다.

- あ 행

우리말의 "아, 이, 우, 에, 오" 와 비슷한 음이지만,「う」음은 우리말의 '우' 와 '으' 의 중간 소리로 '우' 소리를 내면서 입술을 앞으로 내밀지 않고 평평한 상태로 발음한다.

あ	い	う	え	お
ア	イ	ウ	エ	オ
[a]	[i]	[ɯ]	[e]	[o]

あい (愛)	いう (言う)	うえ (上)	え (絵)	うお (魚)
アイ	イウ	ウエ	エ	ウオ
사랑	말하다	위	그림	물고기

- か행

단어의 첫머리에서는 우리말의 'ㄱ' 과 'ㅋ'의 중간음이다. 단어의 중간이나 끝에 올 경우에는 'ㄲ' 에 가까운 소리를 낸다.

か	き	く	け	こ
カ	キ	ク	ケ	コ
[ka]	[ki]	[kɯ]	[ke]	[ko]

かお (顔)	きく (菊)	くき (茎)	け (毛)	こえ (声)
カオ	キク	クキ	ケ	コエ
얼굴	국화	줄기	털	목소리

- さ행

우리말의 "사, 시, 스, 세, 소" 와 비슷한 음이다. 「す」음은 우리말의 '수' 와 '스'의 중간 소리로 '수' 소리를 내면서 입술을 앞으로 내밀지 않고 평평한 상태로 발음한다.

さ	し	す	せ	そ
サ	シ	ス	セ	ソ
[sa]	[ɕi]	[sɯ]	[se]	[so]

さけ (酒)	いし (石)	すし (寿司)	せかい (世界)	くそ (糞)
サケ	イシ	スシ	セカイ	クソ
술	돌	초밥	세계	대변

● た 행

단어의 첫머리에서는 우리말의 'ㄷ' 과 'ㅌ' 의 중간음이다. 단어의 중간이나 끝에 올 경우에는 'ㄸ' 에 가까운 소리를 낸다. 「つ」음의 경우, 단어 첫머리에서는 우리말의 'ㅊ'에 가깝게 그리고 중간이나 끝에서는 'ㅉ' 에 가까운 소리를 낸다.

た	ち	つ	て	と
タ	チ	ツ	テ	ト
[ta]	[tɕi]	[tsɯ]	[te]	[to]

うた (歌)	くち (口)	つくえ (机)	て (手)	おと (音)
ウタ	クチ	ツクエ	テ	オト
노래	입	책상	손	소리

● な 행

우리말의 "나, 니, 누, 네, 노" 와 비슷한 음이다. 「ぬ」음은 우리말의 '누' 소리를 내면서 입술을 앞으로 내밀지 않고 평평한 상태로 발음한다.

な	に	ぬ	ね	の
ナ	ニ	ヌ	ネ	ノ
[na]	[ɲi]	[nɯ]	[ne]	[no]

なし (梨)	なに (何)	いぬ (犬)	ねこ (猫)	のう (脳)
ナシ	ナニ	イヌ	ネコ	ノウ
배	무엇	개	고양이	뇌

● は 행

우리말의 "하, 히, 후, 헤, 호" 와 비슷한 음이다. 「ふ」음은 우리말의 '후' 소리를 내면서 입술을 앞으로 내밀지 않고 평평한 상태로 발음한다.

は	ひ	ふ	へ	ほ
ハ	ヒ	フ	ヘ	ホ
[ha]	[çi]	[ɸɯ]	[he]	[ho]

はは (母)	ひと (人)	ふた (蓋)	へた (下手)	ほね (骨)
ハハ	ヒト	フタ	ヘタ	ホネ
엄마	사람	뚜껑	서투름	뼈

● ま 행

우리말의 "마, 미, 무, 메, 모" 와 비슷한 음이다. 「む」음은 우리말의 '무' 소리를 내면서 입술을 앞으로 내밀지 않고 평평한 상태로 발음한다.

ま	み	む	め	も
マ	ミ	ム	メ	モ
[ma]	[mi]	[mɯ]	[me]	[mo]

うま (馬)	みみ (耳)	むし (虫)	め (目)	もも (桃)
ウマ	ミミ	ムシ	メ	モモ
말	귀	벌레	눈	복숭아

● や 행

우리말의 "야, 유, 요" 와 비슷한 음이다.

や	ゆ	よ
ヤ	ユ	ヨ
[ja]	[jɯ]	[jo]

いや (嫌)	ゆか (床)	よめ (嫁)
イヤ	ユカ	ヨメ
싫음	마루	며느리

• ら행

우리말의 "라, 리, 루, 레, 로" 와 비슷한 음이다. 「る」음은 우리말 '루' 소리를 내면서 입술은 앞으로 내밀지 않고 평평한 상태로 발음한다.

ら	り	る	れ	ろ
ラ	リ	ル	レ	ロ
[ɾa]	[ɾi]	[ɾɯ]	[ɾe]	[ɾo]

さら (皿)	あり	るす (留守)	あれ	いろ (色)
サラ	アリ	ルス	アレ	イロ
접시	개미	부재	저것	색깔

• わ행

우리말의 "와, 오" 와 비슷한 음이다. 「を」음은 「あ행」의 「お」와 같은 소리를 내며, '~을/를' 을 뜻하는 목적격 조사로만 사용된다.

わ	を
ワ	ヲ
[wa]	[o]

わたし (私)	を
ワタシ	ヲ
나	~을/를

• ん

우리말의 'ㄴ, ㅁ, ㅇ'과 비슷한 받침의 역할을 하는 특수한 음으로 한 박자의 길이로 발음된다.

ん
ン
[n, m, ŋ, ɴ]

しけん (試験)
シケン
시험

2. 탁음(濁音)과 반탁음(半濁音)

(1) 탁음 (濁音)

「か행, さ행, た행, は행」의 가나 (仮名) 에 탁점 「゛」을 오른쪽 위에 붙여 표기하고, 이 음은 성대가 울리는 소리이다. 이것을 유성음 (有声音) 이라 한다.

● が행

영어의 [g]음에 가까운 소리이고, 우리말 단어의 중간에 오는 'ㄱ' 과 비슷한 음으로 성대가 울리는 소리이다. 「ぐ」음은 우리말 '구'와 유사하게 발음하는데 입술을 앞으로 내밀지 않고 평평한 상태로 발음한다.

が	ぎ	ぐ	げ	ご
ガ	ギ	グ	ゲ	ゴ
[ga]	[gi]	[gɯ]	[ge]	[go]

がいこく (外国)	かぎ (鍵)	ぐあい (具合)	かげ (影)	ごみ
ガイコク	カギ	グアイ	カゲ	ゴミ
외국	열쇠	상태	그림자	쓰레기

● ざ행

우리말 단어의 중간에 오는 'ㅈ' 와 비슷한 음으로 성대가 울리는 소리이다. 「ず」음은 우리말 '즈' 와 같은 소리로 발음을 한다.

ざ	じ	ず	ぜ	ぞ
ザ	ジ	ズ	ゼ	ゾ
[dza]	[dzi]	[dzɯ]	[dze]	[dzo]

ざる (笊)	じみ (地味)	ちず (地図)	かぜ (風邪)	ぞう (像)
ザル	ジミ	チズ	カゼ	ゾウ
소쿠리	수수함	지도	감기	코끼리

• だ행

「だ, で, ど」음은 영어의 [da, de, do] 에 가까운 음으로 성대가 울리는 소리이다. 「ぢ」, 「づ」음은 「ざ행」의 「じ」, 「ず」에 합류되어 현재는 특별한 경우를 제외하고 거의 쓰이지 않는다.

だ	ぢ	づ	で	ど
ダ	ヂ	ヅ	デ	ド
[da]	[dzi]	[dzɯ]	[de]	[do]

だいがく (大学)	はなぢ (鼻血)	こづつみ (小包)	でぐち (出口)	いど (井戸)
ダイガク	ハナヂ	コヅツミ	デグチ	イド
대학	코피	소포	출구	우물

• ば행

우리말의 "바, 비, 부, 베, 보" 에 가까운 음으로 성대가 울리는 소리이다. 「ぶ」음은 우리말 '부' 와 비슷한 음인데 입술을 앞으로 내밀지 않고 평평한 상태로 발음한다.

ば	び	ぶ	べ	ぼ
バ	ビ	ブ	ベ	ボ
[ba]	[bi]	[bɯ]	[be]	[bo]

ばか (馬鹿)	へび (蛇)	ぶた (豚)	かべ (壁)	つぼ (壷)
バカ	ヘビ	ブタ	カベ	ツボ
바보	뱀	돼지	벽	항아리

(2) 반탁음 (半濁音)

「は행」의 가나 (仮名) 에만 반탁음 부호「゜」를 오른쪽 위에 붙여 표기하고, 단어의 첫 머리에서는 우리말 'ㅍ' 에 가까운 소리를 내고, 단어의 중간이나 끝 부분에 올 경우에는 'ㅃ' 에 가까운 소리를 낸다. 이 음은 성대가 울리지 않는 무성음 (無声音) 이다.

- ぱ행

ぱ	ぴ	ぷ	ぺ	ぽ
パ	ピ	プ	ペ	ポ
[pa]	[pi]	[pɯ]	[pe]	[po]

<table>
<tr><td rowspan="2">パリ</td><td rowspan="2">ピン</td><td>ぷかぷか</td><td rowspan="2">ペア</td><td>ぽかぽか</td></tr>
<tr><td>プカプカ</td><td>ポカポカ</td></tr>
<tr><td>파리</td><td>핀</td><td>뻐금뻐금</td><td>짝</td><td>따끈따끈</td></tr>
</table>

MEMO

문자와 발음 2

학습포인트

1. 요음 | **拗音**
2. 장음 | **長音**
3. 촉음 | **促音**
4. 발음 | **撥音**
5. 모음의 무성화 | **母音의 無声化**
6. 악센트

1. 요음 (拗音)

자음의 い단음, 즉 「き, し, ち, に, ひ, み, り, ぎ, じ, び, ぴ」 뒤에 반모음 「や, ゆ, よ」를 작은 글자로 붙여 써서 한 박자의 소리를 내는 음이다. ● 표시가 한 박자를 나타낸다.

예 청음 き よ い (清い) 3박자

요음 きょ う (今日) 2박자

• きゃ 행과 ぎゃ 행

きゃ	きゅ	きょ	ぎゃ	ぎゅ	ぎょ
キャ	キュ	キョ	ギャ	ギュ	ギョ
[kja]	[kjɯ]	[kjo]	[gja]	[gjɯ]	[gjo]

きゃく (客)	きゅう (九)	きょう (今日)	ぎゃく (逆)	ぎゅうどん(牛丼)	ぎょう (行)
キャク	キュウ	キョウ	ギャク	ギュウドン	ギョウ
손님	9	오늘	역, 반대	소고기덮밥	행

• しゃ 행과 じゃ 행

しゃ	しゅ	しょ	じゃ	じゅ	じょ
シャ	シュ	ショ	ジャ	ジュ	ジョ
[ɕa]	[ɕɯ]	[ɕo]	[dʑa]	[dʑɯ]	[dʑo]

いしゃ (医者)	しゅみ (趣味)	じしょ (辞書)	じゃま (邪魔)	じゅう (十)	かのじょ (彼女)
イシャ	シュミ	ジショ	ジャマ	ジュウ	カノジョ
의사	취미	사전	방해	10	그녀, 여자친구

- ちゃ 행과 ぢゃ 행

ちゃ	ちゅ	ちょ	ぢゃ	ぢゅ	ぢょ
チャ	チュ	チョ	ヂャ	ヂュ	ヂョ
[tɕa]	[tɕɯ]	[tɕo]	[dʑa]	[dʑɯ]	[dʑo]

おちゃ (お茶)	うちゅう (宇宙)	ちょきん (貯金)
オチャ	ウチュウ	チョキン
녹차	우주	저금

- にゃ 행

にゃ	にゅ	にょ
ニャ	ニュ	ニョ
[nja]	[njɯ]	[njo]

こんにゃく (蒟蒻)	にゅうがく (入学)	にょうぼう (女房)
コンニャク	ニュウガク	ニョウボウ
곤약	입학	아내

- ひゃ 행과 びゃ 행

ひゃ	ひゅ	ひょ	びゃ	びゅ	びょ
ヒャ	ヒュ	ヒョ	ビャ	ビュ	ビョ
[ça]	[çɯ]	[ço]	[bja]	[bjɯ]	[bjo]

ひゃく (百)	ひゅうひゅう	ひょうげん(表現)	さんびゃく	びゅー	びょう (秒)
ヒャク	ヒュウヒュウ	ヒョウゲン	サンビャク	ビュー	ビョウ
100	휙휙(바람소리)	표현	300	경관	초(시간의 단위)

• ぴゃ 행

ぴゃ	ぴゅ	ぴょ
ピャ	ピュ	ピョ
[pja]	[pjɯ]	[pjo]

ぴょんぴょん
ピョンピョン
깡총깡총

• みゃ 행

みゃ	みゅ	みょ
ミャ	ミュ	ミョ
[mja]	[mjɯ]	[mjo]

みゃく (脈)	ミュージック	みょうじ (名字)
ミャク		ミョウジ
혈관	뮤직	성

• りゃ 행

りゃ	りゅ	りょ
リャ	リュ	リョ
[ɾja]	[ɾjɯ]	[ɾjo]

りゃくご (略語)	いちりゅう (一流)	りょこう (旅行)
リャクゴ	イチリュウ	リョコウ
생략어	일류	여행

2. 장음 (長音)

앞 모음에 동화되어 그 모음의 길이만큼 길게 발음되는 현상이다. 가타카나의 장음 표기는 「ー」로 나타낸다.

(1) あ단음 뒤에 あ [a] 가 오는 경우 : あ [a] 모음을 길게 발음.

예 おかあさん 어머니, アパート (apartment house) 아파트
おばさん 아주머니 — おばあさん 할머니

(2) い단음 뒤에 い [i] 가 오는 경우 : い [i] 모음을 길게 발음.

예 おにいさん 형·오빠, キー (key) 열쇠
おじさん 아저씨 — おじいさん 할아버지

(3) う단음 뒤에 う [ɯ] 가 오는 경우 : う [ɯ] 모음을 길게 발음.

예 くうき 공기, スーツ (suit) 양복
すじ 힘줄 — すうじ 숫자

(4) え단음 뒤에 え [e] 또는 い [i] 가 오는 경우 : え [e] 모음을 길게 발음.

예 おねえさん 언니·누나, せんせい 선생님, ケーキ (cake) 케이크
え 그림 — ええ 예
めし 밥 — めいし 명함

(5) お단음 뒤에 お [o] 또는 う [ɯ] 가 오는 경우 : お [o] 모음을 길게 발음.

예 とお 열, おとうさん 아버지, ノート (note) 노트, コーヒー 커피
とり 새 — とおり 길, こもり 아이 보는 일 — こうもり 박쥐

3. 촉음 (促音)

보통 가나의 오른쪽에 작은 「っ」를 써서 우리말의 받침과 같은 역할을 한다. 하지만, 촉음은 한 박자의 소리를 가지고 있으며, 「か・さ・た・ぱ」행 앞에 쓰인다. 촉음 「っ」의 발음은 다음에 오는 자음의 입 모양으로 발음된다.

(1) 「っ」+「か행」 앞에 올 경우 : [k] ㄱ받침

예 いっかい 1회, にっこり 방긋, クッキー 쿠키
いき 숨 — いっき 단숨

(2) 「っ」+「さ행」 앞에 올 경우 : [s] ㅅ받침

예 けっせき 결석, ざっし 잡지, ラッシュアワー 러시아워
かそう 가상 — かっそう 활주

(3) 「っ」+「た행」 앞에 올 경우 : [t] ㅅ받침

예 きって 우표, おっと 남편, キッチン 부엌
いたい 아프다 — いったい 도대체

(4) 「っ」+「ぱ행」 앞에 올 경우 : [p] ㅂ받침

예 いっぱい 가득, きっぷ 표, ヨーロッパ 유럽

4. 발음 (撥音)

발음 「ん」은 특별한 음으로서 우리말의 받침 역할을 하는데, 한 박자의 길이로 발음된다. 발음 「ん」은 그 뒤에 어떤 음이 오느냐에 따라 그 음가가 변하는데, 우리말 받침 「ㅁ, ㄴ, ㅇ」 등과 같이 발음된다.

(1) [m] (ㅁ) 으로 발음할 경우 : 「ま・ば・ぱ」행의 음 앞에서

예 さんま 꽁치, かんぱい 건배, しんまい 햅쌀 , しんぶん 신문
ナンバー 넘버

(2) [n] (ㄴ) 으로 발음할 경우 : 「さ・ざ・た・だ・な・ら」행의 음 앞에서

예 おんな 여자, せんたく 세탁, べんり 편리
フランス 프랑스

(3) [ŋ] (ㅇ) 으로 발음할 경우 : 「か・が」행의 음 앞에서

예 りんご 사과, まんが 만화, にほんご 일본어
カンコクゴ 한국어

(4) [N] 비모음으로 발음할 경우 : 「あ・は・や・わ」행의 음 앞에 오거나 단어 끝에서

예 れんあい 연애, こんや 오늘 밤, でんわ 전화, ほん 책
ファン 팬

5. 모음의 무성화 (母音의 無声化)

주로 동경방언에서 나타나는 현상으로 무성자음 [k, s, t, p, h] 사이에 위치하는 모음 [ɯ̥] 나 [i̥] 의 소리가 약해지는 현상이다. 또한 문장 끝에 오는 「~です, ~ます」 표현의 마지막 모음 [ɯ̥] 의 소리도 약해진다.

예 がくせい 학생, おくさま 사모님, たくさん 많이, きく 국화
[gakɯ̥se:] [okɯ̥sama] [takɯ̥saŋ] [ki̥kɯ]

ありがとうございます 감사합니다
[-sɯ̥]

6. 악센트

일본어 단어는 고저 악센트 (pitch accent) 를 가지고 있어, 음의 높고 낮음에 따라 그 뜻도 달라진다.

예 はし (箸) 젓가락 — はし (橋) 다리
あめ (雨) 비 — あめ (飴) 사탕

あいさつ

학습포인트

1. 기본적인 인사말
2. 인사표현

아침인사

A : おはようございます。

B : おはよう。

점심인사

A : こんにちは。

B : こんにちは。

3

저녁인사

A : こんばんは。

B : こんばんは。

4

헤어질 때

A : さようなら。

B : では、また。

A : バイバイ。

B : じゃね。

5 

잠자리에 들 때

A : おやすみなさい。

B : おやすみ。

6 

식사할 때

A : いただきます。

B : ごちそうさまでした。

7 

감사할 때

A : ありがとうございます。

B : いいえ、どういたしまして。

8

사과할 때
A：すみません。
B：いいえ。

9

축하할 때
A：おめでとう (ございます)。
B：どうも、ありがとう (ございます)。

10

부탁할 때
A：どうぞ、よろしく (おねがいします)。
B：こちらこそ、よろしく。

11

권할 때
A：どうぞ。
B：どうも。

12 

귀가할 때

A : おかえりなさい。

B : ただいま。

13 

집을 나설 때

A : いってきます。

B : いってらっしゃい。

14 

방문 전 들어갈 때

A : おじゃまします。

B : どうぞ。

방문 후 돌아갈 때

A : しつれいしました。

B : さようなら。

다음 인사말을 잘 듣고, 그 다음에 이어지는 올바른 인사표현을 골라 연결해 주세요.

1 ・ ・じゃね

2 ・ ・いいえ、どういたしまして

3 ・ ・ただいま

4 ・ ・いってらっしゃい

말해봅시다

다음 보기와 같이 각 인사말에 맞는 표현으로 대답하세요.

보기

a. こんにちは。
b. こんにちは。

❶ a. おはようございます。

b. ＿＿＿＿＿＿＿＿＿＿＿＿＿＿＿。

❷ a. おじゃまします。

b. ＿＿＿＿＿＿＿＿＿＿＿＿＿＿＿。

❸ a. おめでとう。

b. ＿＿＿＿＿＿＿＿＿＿＿＿＿＿＿。

❹ a. おやすみなさい。

b. ＿＿＿＿＿＿＿＿＿＿＿＿＿＿＿。

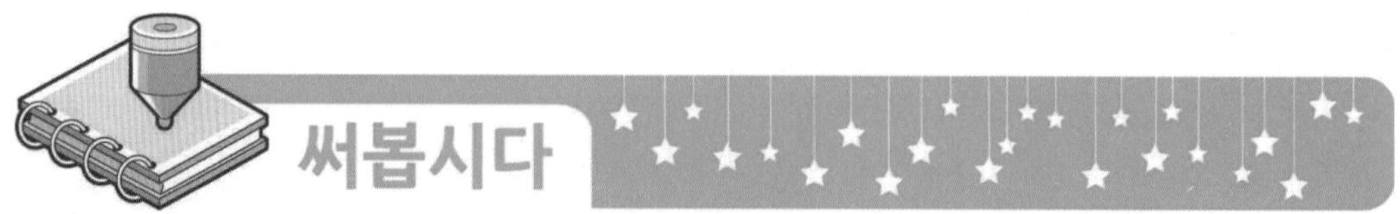

1. 다음을 일본어로 쓰세요.

① 안녕하세요. (저녁인사)

➡ ______________________________。

② 다녀오겠습니다.

➡ ______________________________。

③ 다녀오세요.

➡ ______________________________。

④ 다녀왔습니다.

➡ ______________________________。

⑤ 대단히 감사합니다.

➡ ______________________________。

2. 다음을 우리말로 쓰세요.

❶ どうぞよろしくおねがいします。

➲ ____。

❷ ただいま。

➲ ____。

❸ おかえりなさい。

➲ ____。

❹ おじゃまします。

➲ ____。

MEMO

はじめまして

학습포인트

1. 처음 만났을 때의 인사법과 자기소개
2. 명사의 활용
   ~は　~です | 현재 긍정형
   ~ではありません | 현재 부정형
3. 인칭대명사
4. 조사 の

기본문형

1. 私(わたし)はイム·ユリです。
2. 専攻(せんこう)は日本語(にほんご)ですか。
3. いいえ、韓国語(かんこくご)ではありません。
4. 韓国(かんこく)からの留学生(りゅうがくせい)ですよ。

이케다 교수님 연구실에서 | 池田先生(いけだせんせい)の研究室(けんきゅうしつ)で

イムユリ : はじめまして。イム·ユリです。
どうぞよろしくお願(ねが)いします。

池田先生(いけだせんせい) : はじめまして。池田(いけだ)です。
こちらこそよろしく。

池田先生(いけだせんせい) : 山下(やました)さん、こちらはイム·ユリさんです。

山下(やました)ユミ : はじめまして。山下(やました)ユミです。
どうぞよろしくお願(ねが)いします。

イムユリ　：はじめまして。イム·ユリです。

こちらこそよろしくお願(ねが)いします。

池田先生(いけだせんせい)　：イムさんは韓国(かんこく)からの留学生(りゅうがくせい)ですよ。どうぞよろしく。

山下(やました)ユミ　：はい。

山下(やました)ユミ　：イムさん、専攻(せんこう)は日本語(にほんご)ですか。

イムユリ　：はい、日本語(にほんご)です。

ユミさんの専攻(せんこう)も日本語(にほんご)ですか。

山下(やました)ユミ　：いいえ、日本語(にほんご)じゃありません。

私の専攻(せんこう)は韓国語(かんこくご)です。今(いま)、韓国語(かんこくご)コースの4年生(よねんせい)です。

イムユリ　：そうですか。

これからよろしくお願(ねが)いします。

새로운 단어와 표현

先生(せんせい) 선생님
～さん ～씨
から ～에서
～よ ～요 (상대방에게 주지시킬 때)
専攻(せんこう) 전공
いいえ 아니오
4年生(よねんせい) 4학년
どうぞよろしくお願(ねが)いします (부디) 잘 부탁합니다

はじめまして 처음뵙겠습니다
こちらこそ 이쪽이야말로
の ～의
はい 네
日本語(にほんご) 일본어
今(いま) 지금
これから 앞으로

こちら 이쪽
韓国(かんこく) 한국
留学生(りゅうがくせい) 유학생
私(わたし) 저
～も ～도
韓国語(かんこくご)コース 한국어 코스

문형해설

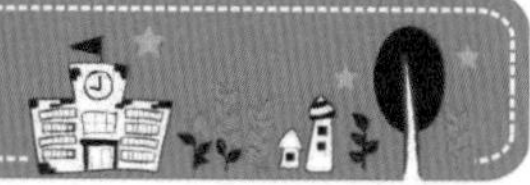

1 인칭대명사

	1인칭	2인칭	3인칭	부정칭
정중형	私(わたし)	あなた	彼(かれ) / 彼女(かのじょ)	どなた
보통형	俺(おれ) / 僕(ぼく) / あたし	君(きみ) / お前(まえ)		誰(だれ)

2 ～は～です　　～은(는) ～입니다.

명사문의 정중한 표현이다. 「は」가 조사로 쓰일 경우의 발음은 [ha] 가 아니라 [wa]로 읽어야 한다.

① 私(わたし)はイム·ユリです。

② 彼女(かのじょ)は韓国人(かんこくじん)です。

③ イムさんは学生(がくせい)です。

3

A : ～は ～ですか　　～은 (는) ～입니까?
B : はい、～です　　예, ～입니다.
　いいえ、～ではありません　　아니오, ～가 (이) 아닙니다.
　　(＝じゃ)

「～ですか」는 명사의 의문문이다. 일본어의 의문조사 「か」는 의문부호 「?」를 대신한다. 명사의 부정문은 「～ではありません」이지만, 회화에서는 「～じゃありません」으로 사용 되기도 한다.

① A: イムさんは学生(がくせい)さんですか。

B: はい、学生(がくせい)です。

② A: ユミさんは高校生(こうこうせい)ですか。

B: いいえ、私(わたし)は高校生(こうこうせい)ではありません。大学生(だいがくせい)です。

③ A: ひろしさんは会社員(かいしゃいん)ですか。

B: いいえ、僕(ぼく)は会社員(かいしゃいん)じゃありません。学生(がくせい)です。

4 조사「の」의 용법

「명사1 + の + 명사2」의 형식으로 두 명사에 대한 다양한 의미관계를 나타낸다. 한국어와 달리 일본어는 명사와 명사 사이에 「の」가 들어간다.

① 韓国大学(かんこくだいがく)の学生(がくせい) (소속)
② 私(わたし)の本(ほん) (소유)
③ 日本語(にほんご)の授業(じゅぎょう) (내용 설명)

5 숫자읽기

<table>
<tr><th>0</th><th>1</th><th>2</th><th>3</th><th>4</th><th>5</th></tr>
<tr><td>れい</td><td rowspan="2">いち</td><td rowspan="2">に</td><td rowspan="2">さん</td><td>し</td><td rowspan="2">ご</td></tr>
<tr><td>ゼロ</td><td>よん</td></tr>
<tr><th>6</th><th>7</th><th>8</th><th>9</th><th>10</th><th>11</th></tr>
<tr><td rowspan="2">ろく</td><td>しち</td><td rowspan="2">はち</td><td>きゅう</td><td rowspan="2">じゅう</td><td rowspan="2">じゅういち</td></tr>
<tr><td>なな</td><td>く</td></tr>
</table>

새로운 단어와 표현

あなた 당신
どなた 어느 분 (부정칭)
誰(だれ) 누구
高校生(こうこうせい) 고등학생
本(ほん) 책
彼(かれ) 그
俺(おれ) / 僕(ぼく) 나 (남성어)
韓国人(かんこくじん) 한국인
大学生(だいがくせい) 대학생
授業(じゅぎょう) 수업
彼女(かのじょ) 그녀
君(きみ) / お前(まえ) 너 (남성어)
学生(がくせい) 학생
会社員(かいしゃいん) 회사원

문형연습

1. 다음 보기와 같이 문장을 완성하세요.

보기

私(わたし) ・ 学生(がくせい) ➡ 私は学生です。

❶ 彼(かれ)・韓国人(かんこくじん)
➡ ＿＿＿＿＿＿＿＿＿＿＿＿＿＿＿＿。

❷ ユミさん・日本人(にほんじん)
➡ ＿＿＿＿＿＿＿＿＿＿＿＿＿＿＿＿。

❸ イムさん・留学生(りゅうがくせい)
➡ ＿＿＿＿＿＿＿＿＿＿＿＿＿＿＿＿。

❹ 彼女(かのじょ)・先生(せんせい)
➡ ＿＿＿＿＿＿＿＿＿＿＿＿＿＿＿＿。

2. 다음 보기와 같이 문장을 완성하세요.

보기

留学生(りゅうがくせい) ・ 林(イム) ➡ 留学生の林です。

❶ 渋谷大学(しぶやだいがく) ・ 1年生(ねんせい) ➡ ＿＿＿＿＿＿＿＿＿＿＿＿＿＿＿＿。

② 日本語(にほんご) ・ 教師(きょうし) ➡ ＿＿＿＿＿＿＿＿＿＿。

③ 学校(がっこう) ・ 友達(ともだち) ➡ ＿＿＿＿＿＿＿＿＿＿。

④ ユミさん ・ 専攻(せんこう) ➡ ＿＿＿＿＿＿＿＿＿＿。

3. 다음 보기와 같이 문형을 바꿔서 말해보세요.

보기

イムさんは学生(がくせい)さんですか。

➡ はい、学生です。

いいえ、学生では (=じゃ) ありません。会社員(かいしゃいん)です。

① ユミさんは大学生(だいがくせい)ですか。

➡ はい、＿＿＿＿＿＿＿＿＿＿。

② ユミさんの専攻(せんこう)は日本語(にほんご)ですか。

➡ いいえ、＿＿＿＿＿＿＿＿。韓国語です。

③ ジンウさんは韓国人(かんこくじん)ですか。

➡ はい、＿＿＿＿＿＿＿＿＿＿。

④ イムさんは日本人(にほんじん)ですか。

➡ いいえ、＿＿＿＿＿＿＿＿。韓国人です。

⑤ ユミさんは渋谷大学(しぶやだいがく)の4年生(よねんせい)ですか。

➡ はい、＿＿＿＿＿＿＿＿＿＿。

새로운 단어와 표현

渋谷大学(しぶやだいがく) 시부야 대학	日本人(にほんじん) 일본인	教師(きょうし) 교사
1年生(ねんせい) 1학년	学校(がっこう) 학교	友達(ともだち) 친구

1. 다음 표현을 잘 듣고 받아쓰세요.

❶ ________________________________。

❷ ________________________________。

❸ ________________________________。

❹ ________________________________。

2. 다음 대화 내용을 잘 듣고 질문에 답하세요.

❶ 임씨의 전공은 일본어입니까?

① はい、日本語(にほんご)です。

② いいえ、日本語(にほんご)じゃありません。韓国語(かんこくご)です。

❷ 유미씨의 전공은 일본어입니까?

① はい、そうです。

② いいえ、そうじゃありません。韓国語(かんこくご)です。

❸ 유미씨는 학생입니까?

① はい、学生(がくせい)です。

② いいえ、学生(がくせい)じゃありません。会社員(かいしゃいん)です。

말해봅시다

1. 다음 보기와 같이 말을 바꿔서 말해보세요.

보기

A：はじめまして。ⓐ 林(イム)です。ⓑ 韓国(かんこく)からの留学生(りゅうがくせい)です。

どうぞよろしくお願(ねが)いします。

B：はじめまして。ⓒ 鈴木(すずき) 一郎(いちろう)です。

こちらこそどうぞよろしく。

1. ⓐ 李(り)　ⓑ 中国(ちゅうごく)　ⓒ 木村拓也(きむらたくや)
2. ⓐ マイケル　ⓑ アメリカ　ⓒ 小田切譲(おだぎりじょう)
3. ⓐ ニコライ　ⓑ ロシア　ⓒ 柴咲(しばさき)こう
4. ⓐ 王(おう)　ⓑ 台湾(たいわん)　ⓒ 妻夫木聡(つまぶきさとし)

2. 다음 보기와 같이 말을 바꿔서 말해보세요.

보기

A：専攻(せんこう)は？

B：日本語(にほんご)です。

1. 建築工学(けんちくこうがく)

❷ コンピューター教育(きょういく)

❸ 中国語(ちゅうごくご)

❹ 歴史(れきし)

❺ 英文学(えいぶんがく)

3. 다음 보기와 같이 말을 바꿔서 말해보세요.

보기

A：専攻(せんこう)は日本語(にほんご)ですか。

B：いいえ、ⓐ 韓国語(かんこくご)です。今(いま)、ⓐ 韓国語(かんこくご)コースの ⓑ 3年生(ねんせい)です。

❶ ⓐ 医学(いがく) ⓑ 1年生(ねんせい)

❷ ⓐ 中国語(ちゅうごくご) ⓑ 2年生(ねんせい)

❸ ⓐ デザイン ⓑ 4年生(ねんせい)

❹ ⓐ 法学(ほうがく) ⓑ 3年生(ねんせい)

새로운 단어와 표현

中国(ちゅうごく) 중국
台湾(たいわん) 대만
中国語(ちゅうごくご) 중국어
英文学(えいぶんがく) 영문학
アメリカ 미국
建築工学(けんちくこうがく) 건축공학
歴史(れきし) 역사
デザイン 디자인
ロシア 러시아
コンピューター教育(きょういく) 컴퓨터교육
医学(いがく) 의학

다음을 일본어로 쓰세요.

1. 처음 뵙겠습니다. 임유리입니다.

➡ ______________________________。

2. 전공은 일본어입니다.

➡ ______________________________。

3. 한국어 코스 1학년입니까?

➡ ______________________________。

5. 저는 중국에서 온 유학생입니다.

➡ ______________________________。

5. 앞으로 잘 부탁드립니다.

➡ ______________________________。

그림으로 익히기

국가와 국민과 언어

국가 국가명	사람 국가명+人(じん)	사용언어 국가명+語(ご)	국가 국가명	사람 국가명+人(じん)	사용언어 국가명+語(ご)
韓国(かんこく)	韓国人(かんこくじん)	韓国語(かんこくご)	イギリス	イギリス人(じん)	英語(えいご)
日本(にほん)	日本人(にほんじん)	日本語(にほんご)	イタリア	イタリア人(じん)	イタリア語(ご)
中国(ちゅうごく)	中国人(ちゅうごくじん)	中国語(ちゅうごくご)	フランス	フランス人(じん)	フランス語(ご)
台湾(たいわん)	台湾人(たいわんじん)	中国語(ちゅうごくご)	ロシア	ロシア人(じん)	ロシア語(ご)
アメリカ	アメリカ人(じん)	英語(えいご)			

それは何ですか

학습포인트

1. こ、そ、あ、ど 의 용법
2. これ、それ、あれ、どれ | 사물을 나타내는 지시대명사
3. この、その、あの、どの | 연체사
4. の | ~의 것

기본문형

1. それは何(なん)ですか。
2. その携帯(けいたい)はジンウさんのですか。
3. いいえ、これは僕(ぼく)のじゃありません。

전자상가에서 | 電気屋(でんきや)で

ユジンウ　：あの、これはノートパソコンですか。

店員(てんいん)さん　：いいえ、ちがいます。

ユジンウ　：何(なん)ですか。

店員(てんいん)さん　：それはネットブックですよ。

ユジンウ　：ああ、そうですか。どうもありがとう。

대학 강의실에서 | 大学(だいがく)の講義室(こうぎしつ)で

山下ユミ　：ジンウさん、それは何(なん)ですか。

ユジンウ　：これですか。

山下ユミ　：はい、そうです。

ユジンウ　：これは韓国製(かんこくせい)の携帯(けいたい)です。スマートフォンですよ。

山下ユミ　：その携帯(けいたい)はジンウさんのですか。

ユジンウ　：いいえ、これは僕(ぼく)のじゃありません。イムさんのです。

새로운 단어와 표현

店員(てんいん)さん 점원
ノートパソコン 노트북
何(なん) 무엇 (의문사)
誰(だれ) 누구
その 그 (연체사)
あの 저기 (감동사)
いいえ 아니오
ネットブック 넷북 (Netbook)
~の ~의 것
携帯(けいたい) (電話(でんわ)) 휴대폰
それ 그것
ちがいます 아닙니다
どうも 대단히
韓国製(かんこくせい) 한국제품

문형해설

1 사물을 나타내는 지시대명사

これ	それ	あれ	どれ
이것	그것	저것	어느 것

(1) A：それは何(なん)ですか。

B：これはノートです。

(2) A：これは電子辞書(でんしじしょ)ですか。

B：はい、それは電子辞書です。

(3) A：あれはシャープペンですか。

B：いいえ、そうじゃありません。あれはボールペンです。

(4) A：先生(せんせい)の本(ほん)はどれですか。

B：あ、これです。

2 연체사

뒤에 오는 명사를 수식하는 말이다.

この	その	あの	どの
이	그	저	어느

(1) その方(かた)は池田先生(いけだせんせい)です。

(2) あの人(ひと)は私(わたし)の友達(ともだち)です。

(3) イムさんはこの人(ひと)です。

(4) A：池田先生(いけだせんせい)はどの方(かた)ですか。

B：あの方(かた)です。

3 명사 ~じゃありません ~이/가 아닙니다.

명사의 정중형「~です」의 부정형이다.

(1) 私(わたし)じゃありません。

(2) 学生(がくせい)じゃありません。

(3) ノートパソコンじゃありません。ネットブックです。

4 명사 + の (= 명사のもの) ~의 것

「の」는 '~의 것'이라는 소유의 의미를 나타낸다.

(1) この携帯(けいたい)はイムさんのです。

(2) そのかばんはひろしさんのですか、ジンウさんのですか。

(3) あの車(くるま)は僕(ぼく)のじゃありません。

(4) A：その携帯(けいたい)は誰(だれ)のですか。

B：これは私(わたし)のです。

새로운 단어와 표현

電子辞書(でんしじしょ) 전자사전　シャープペン 샤프펜　ボールペン 볼펜
本(ほん) 책　方(かた) 분　車(くるま) 차

문형연습

1. 다음 보기와 같이 문형을 바꿔서 말해보세요.

보기

これです。 ➡ これじゃありません。

❶ このひとです。

➡ ＿＿＿＿＿＿＿＿＿＿＿＿。

❷ その携帯(けいたい)です。

➡ ＿＿＿＿＿＿＿＿＿＿＿＿。

❸ 私は大学生(だいがくせい)です。

➡ ＿＿＿＿＿＿＿＿＿＿＿＿。

❹ 会社員(かいしゃいん)はその方(かた)です。

➡ ＿＿＿＿＿＿＿＿＿＿＿＿。

2. 다음 보기와 같이 문형을 바꿔서 말해보세요.

보기

これはイムさんの携帯(けいたい)です。 ➜ この携帯はイムさんのです。

❶ それは池田先生(いけだせんせい)の時計(とけい)です。

➜ ______________________________。

❷ あれはイムさんのかばんじゃありません。

➜ ______________________________。

❸ これは誰(だれ)の自転車(じてんしゃ)ですか。

➜ ______________________________。

3. 그림을 보고 다음 질문에 보기와 같이 답하세요.

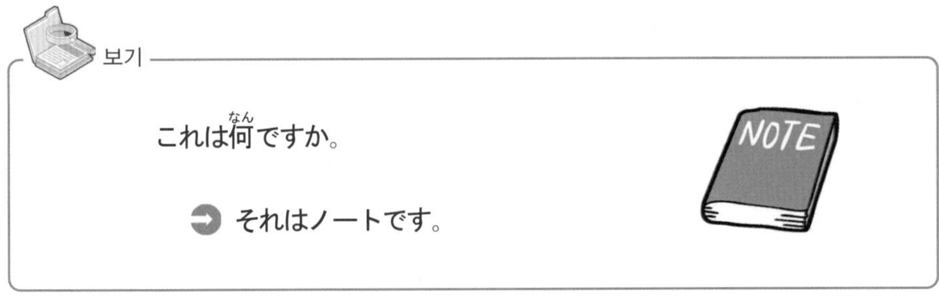

보기

これは何(なん)ですか。

➜ それはノートです。

❶ それは何ですか。

➜ ______________________________。

② あれは何ですか。

➔ ________________________。

③ これは何ですか。

➔ ________________________。

4. 다음 키워드를 바꿔서 올바른 문장으로 만드세요.

① は、大学生(だいがくせい)、 この、 です、 人(ひと)

➔ ________________________。

② 私(わたし)、の、これ、じゃありません、は

➔ ________________________。

③ かばん、誰(だれ)、の、この、ですか、は

➔ ________________________。

새로운 단어와 표현

ノート 노트
かばん 가방
傘(かさ) 우산
ペンケース 필통
自転車(じてんしゃ) 자전거
腕時計(うでどけい) 손목시계
パソコン 컴퓨터

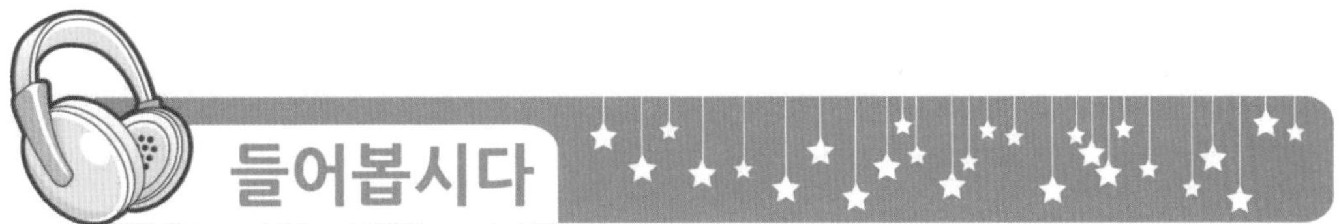

1. 다음 표현을 잘 듣고 받아쓰세요.

❶ ________________________________。

❷ ________________________________。

❸ ________________________________。

2. 다음 대화 내용을 잘 듣고 질문에 답하세요.

❶ 스마트 폰은 진우씨의 것입니까?

① はい、ジンウさんのです。

② いいえ、ジンウさんのじゃありません。イムさんのです。

❷ 영어 책은 유미씨의 것입니까?

① はい、ユミさんのです。

② いいえ、ユミさんのじゃありません。私のです。

말해봅시다

1. 그림을 보고 다음 질문에 보기와 같이 답하세요.

보기

この本はイムさんのですか。

➡ いいえ、その本はイムさん<u>のじゃありません</u>。
ユミさんのです。

❶ そのパソコンはひろしさんのですか。

➡ はい、このパソコンは＿＿＿＿＿＿＿＿＿＿＿＿＿＿＿＿
＿＿＿＿＿＿＿＿＿＿＿＿＿＿＿＿＿＿＿＿＿＿＿＿＿＿。

❷ あの自転車(じてんしゃ)は先生(せんせい)のですか。

➡ いいえ、あの自転車は＿＿＿＿＿＿＿＿＿＿＿＿＿＿＿＿
＿＿＿＿＿＿＿＿＿＿＿＿＿＿＿＿＿＿＿＿＿＿＿＿＿＿。

❸ このMP3(エムピースリー)はユミさんのですか

➡ はい、その MP3は＿＿＿＿＿＿＿＿＿＿＿＿＿＿＿＿
＿＿＿＿＿＿＿＿＿＿＿＿＿＿＿＿＿＿＿＿＿＿＿＿＿＿。

❹ その傘(かさ)は金君(キムくん)のですか。

➡ いいえ、この傘は＿＿＿＿＿＿＿＿＿＿＿＿＿＿＿＿
＿＿＿＿＿＿＿＿＿＿＿＿＿＿＿＿＿＿＿＿＿＿＿＿＿＿。

2. 다음 보기와 같이 밑줄 친 부분에 말을 바꿔서 말해보세요.

보기

ⓐ ぬいぐるみ　ⓑ 私

➲ A：それは何ですか。
B：これは ⓐ <u>ぬいぐるみ</u>です。
A：それは誰(だれ)のですか。
B：ⓑ <u>私</u>のです。

1. ⓐ 電子辞書(でんしじしょ)　ⓑ ひろしさん
2. ⓐ 車(くるま)　ⓑ 父(ちち)
3. ⓐ 缶(かん)コーヒー　ⓑ 彼(かれ)
4. ⓐ 日本語(にほんご)の本(ほん)　ⓑ 先生(せんせい)

새로운 단어와 표현

ぬいぐるみ 봉제인형　父(ちち) 아버지　缶(かん)コーヒー 캔 커피

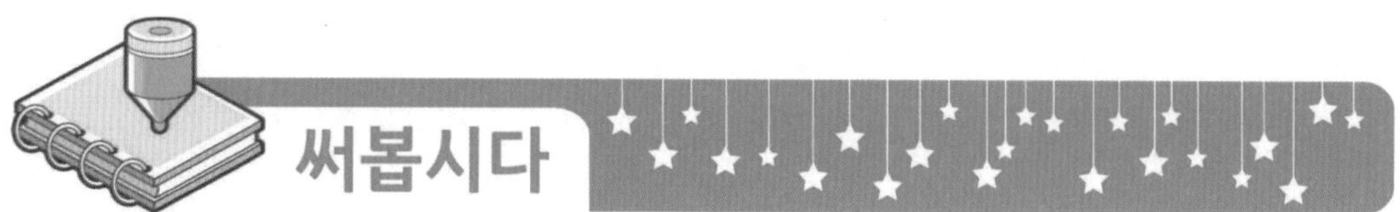

써봅시다

다음을 일본어로 쓰세요.

1. 그것은 무엇입니까?

➡ ________________________________。

2. 이 노트북은 제 것이 아닙니다. 친구 것입니다.

➡ ________________________________。

3. 저 인형은 누구 것입니까?

➡ ________________________________。

4. 이 분은 일본어 선생님입니다.

➡ ________________________________。

새로운 단어와 표현

友達(ともだち) 친구

그림으로 익히기

전자가전, 문구류

＊ 家電(かでん)

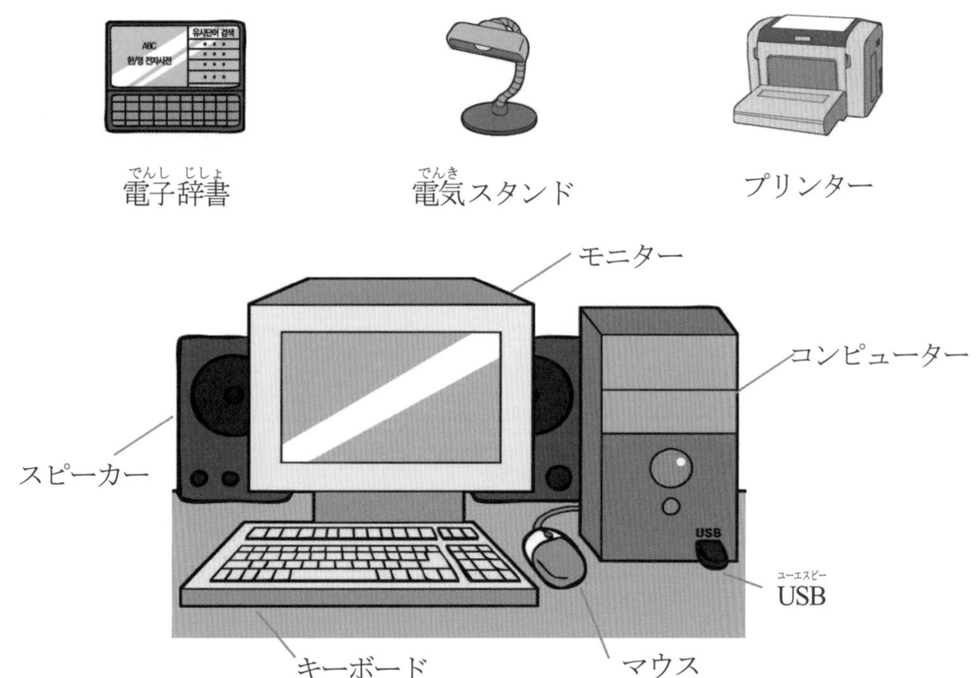

＊ 文房具(ぶんぼうぐ)

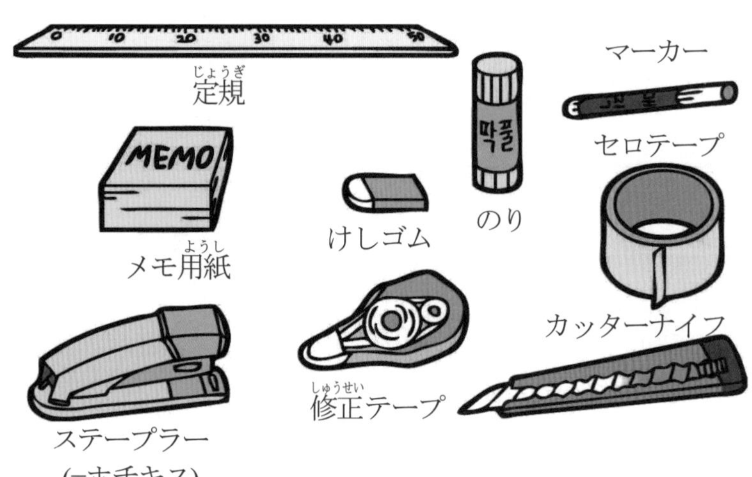

MEMO

大学に銀行がありますか

학습포인트

1. ~があります | 사물의 존재표현
2. 장소와 방향을 나타내는 지시대명사
3. 장소의 위치관계

기본문형

1. 大学前(だいがくまえ)のバス停(てい)はどこですか。
2. 大学(だいがく)に銀行(ぎんこう)がありますか。
   いいえ、ありません。
3. 本屋(ほんや)さんの隣(となり)に郵便局(ゆうびんきょく)がありますね。

거리에서 | 街(まち)の中(なか)で

イムユリ　：あのう、すみません。
渋谷大学前(しぶやだいがくまえ)のバス停(てい)はどこですか。

おばさん　：あそこですよ。

イムユリ　：はい、ありがとうございます。

새로운 단어와 표현

バス停(てい) 버스정류장
中(なか) ~안
でも 하지만
隣(となり) 옆
留学生(りゅうがくせい)センター 유학생센터
近(ちか)く 근처
や ~랑 (3가지이상의 사물 열거)

大学前(だいがくまえ) 대학 앞
に ~에 (장소)
郵便局(ゆうびんきょく) 우체국
すみません 실례합니다
建物(たてもの) 건물
食堂(しょくどう) 식당
ATM 현금 자동예금지급기

校内(こうない) 교내
銀行(ぎんこう) 은행
本屋(ほんや) 책방, 서점
ところで 그런데 (화제전환)
体育館(たいいくかん) 체육관
生協(せいきょう) 생협 (생활협동조합의 줄임말)

대학 교내에서 | 大学の校内で

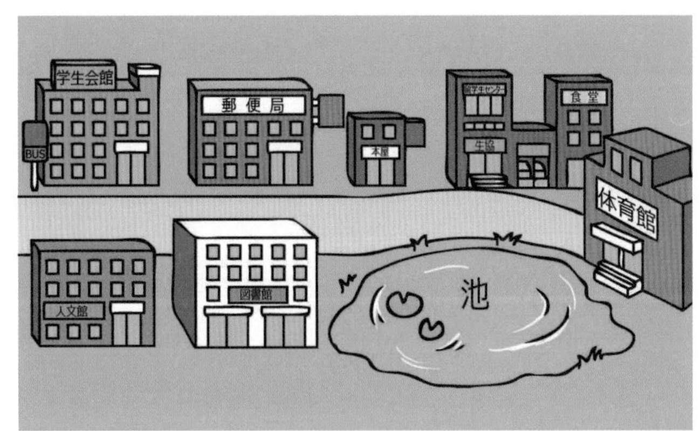

イムユリ ： こんにちは。

山下ユミ ： こんにちは。

イムユリ ： ユミさん、あの、大学に銀行がありますか。

山下ユミ ： いいえ、ありません。でもATMはありますよ。

イムユリ ： そうですか。郵便局はありますか。

山下ユミ ： ええ、あります。

イムユリ ： どこにありますか。

山下ユミ ： 本屋さんの隣です。

イムユリ ： そうですか。ところで、留学生センターの建物はどこですか。

山下ユミ ： ええと、体育館の近くにあります。

イムユリ ： その建物には何がありますか。

山下ユミ ： 食堂や生協などがあります。あ、その近くにATMもありますね。

イムユリ ： あ、そうですか。どうも。

문형해설

1 장소와 방향을 나타내는 지시대명사

장 소	ここ	そこ	あそこ	どこ
	여기	거기	저기	어디
방 향 (장소정중표현)	こちら	そちら	あちら	どちら
	이쪽	그쪽	저쪽	어느 쪽

① ここは図書館(としょかん)です。

② A : トイレはどちらですか。

B : こちらです。

③ A : 銀行(ぎんこう)はどこですか。

B : あそこです。

④ A : どちらさまですか。

B : NHKです。

2 사물과 식물의 존재 표현

あります	ありますか	ありません
있습니다	있습니까	없습니다

① 銀行(ぎんこう)があります。

② 花(はな)があります。

③ A : そこに何(なに)かありますか。

B : いいえ、何(なに)もありません。

3 명사 に ~명사 があります　　~ 에 ~이(가) 있습니다.

조사 「に」는 장소를 나타내는 명사 뒤에 붙어서 물건의 존재 장소를 나타낸다.

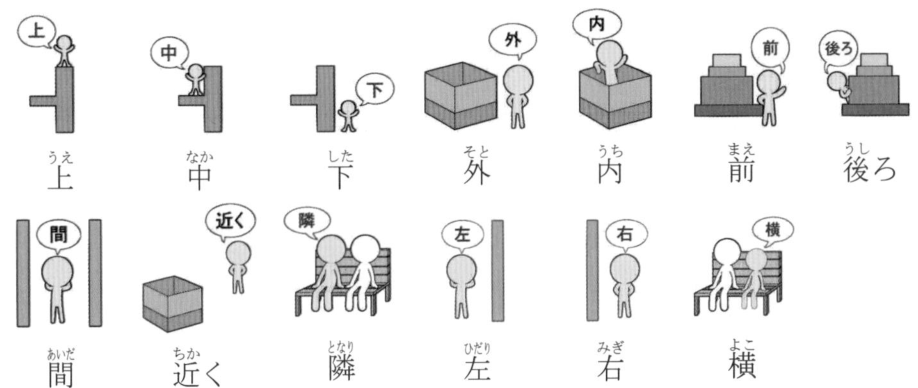

① 机の上にノートがあります。

② 大学の前に本屋があります。

③ 銀行と本屋の間に薬屋があります。

④ 人文館の近くに学生会館があります。

Tip 隣 : 같은 종류, 계열, 같은 격끼리의 위치관계

예 本屋はくつ屋の隣

一郎は二郎の隣

横 : 다른 종류, 계열의 경우와 계열이 같아도 같은 격이 아닌 경우의 위치 관계

예 赤ちゃんはお母さんの横

一郎は机の横

4 명사 は~장소 명사にあります ~는 ~ 에 있습니다.

존재하는 장소를 물어볼 때는 「どこ」를 사용한다.

① かばんは机(つくえ)の上(うえ)にあります。

② A：財布(さいふ)はどこにありますか。

　 B：どこにもありません。

새로운 단어와 표현

図書館(としょかん) 도서관
何(なに)も 아무것도
下(した) 아래
前(まえ) 앞
間(あいだ) 사이
人文館(じんぶんかん) 인문관
どこにも 아무데도

トイレ 화장실
上(うえ) 위
外(そと) 밖
薬屋(くすりや) 약국
左(ひだり) 왼쪽
学生会館(がくせいかいかん) 학생회관
横(よこ) 옆

花(はな) 꽃
中(なか) 안, 속
内(うち) 안
後(うし)ろ 뒤
右(みぎ) 오른쪽
財布(さいふ) 지갑

문형연습

1. 다음 보기와 같이 밑줄 친 부분에 말을 바꿔서 말해보세요.

보기

ここ ・ 図書館(としょかん) ➡ ここは 図書館(としょかん)ですか。

1. あそこ ・ バス停(てい) ➡ ______________________。
2. そこ ・ 学生食堂(がくせいしょくどう) ➡ ______________________。
3. ここ ・ コンビニ ➡ ______________________。
4. 事務所(じむしょ) ・ どこ ➡ ______________________。

2. 다음 그림을 보고 문장을 만드세요.

보기

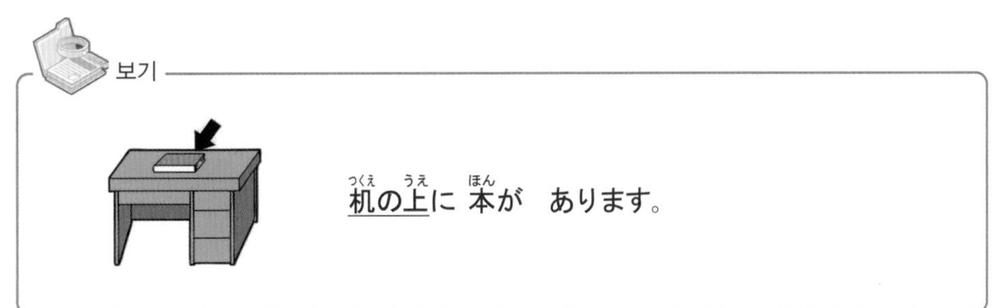

机(つくえ)の上(うえ)に 本(ほん)が あります。

1. 机(つくえ)の引(ひ)き出(だ)しの中(なか)・手帳(てちょう)

➜ ____________________。

2. ビデオ台(だい)の上(うえ)・テレビ

➜ ____________________。

3. 机の隣(となり)・箪笥(たんす)

➜ ____________________。

4. テレビの前(まえ)・テーブル

➜ ____________________。

3. 다음 밑줄 친 부분과 같이 말을 바꿔서 말해보세요.

보기

部屋(へや)の中(なか)に　机(つくえ)が　あります。

➜ 机(つくえ)は　部屋(へや)の中(なか)に　あります。

1. 大学(だいがく)の近(ちか)くにレストランがあります。

➜ ____________________。

2. 部屋(へや)にいすがあります。

➜ ____________________。

3 公園(こうえん)の中(なか)に木(き)がたくさんあります。

➜ ____________________。

4. 다음 키워드를 바꿔서 올바른 문장으로 만드세요.

1 机(つくえ)・に・コンピューター・が・上(うえ)・の・あります

➜ ____________________。

2 には・何(なに)・ありません・部屋(へや)・も

➜ ____________________。

3 どこ・郵便局(ゆうびんきょく)・は・ですか

➜ ____________________。

4 に・あそこ・トイレ・あります・は

➜ ____________________。

새로운 단어와 표현

学生食堂(がくせいしょくどう) 학생식당	コンビニ 편의점	事務所(じむしょ) 사무실
引(ひ)き出(だ)し 서랍	手帳(てちょう) 수첩	テレビ TV
ビデオ台(だい) 비디오장	箪笥(たんす) 옷장	テーブル 테이블
部屋(へや) 방	レストラン 레스토랑	いす 의자
公園(こうえん) 공원		

들어봅시다

1. 다음 표현을 잘 듣고 받아쓰세요.

❶ ______________________________。

❷ ______________________________。

❸ ______________________________。

2. 다음 대화 내용을 잘 듣고 질문에 답하세요.

❶ 大学(だいがく)に銀行(ぎんこう)がありますか?

① はい、あります。　　② いいえ、ありません。

❷ 郵便局(ゆうびんきょく)はどこにありますか。

① 本屋(ほんや)さんの隣(となり)

② 本屋(ほんや)さんの前(まえ)

③ 本屋(ほんや)さんの後ろ

④ 本屋(ほんや)さんの左(ひだり)

말해봅시다

1. 그림을 보고 다음 질문에 보기와 같이 답하세요.

보기

A : ここはどこですか。

B : ここは きっぷ売(う)り場(ば)です。

❶ 

コンビニ

❷ 

お手洗(てあら)い

❸ 

映画館(えいがかん)

❹ 

コーヒーショップ

2. 다음 보기와 같이 밑줄 친 부분에 말을 바꿔서 답하세요.

보기

ⓐ 机(つくえ)の上(うえ)　ⓑ 本(ほん)とノート

A : ⓐ 机(つくえ)の上(うえ)に何(なに)がありますか。

B : ⓑ 本(ほん)とノートがあります。

❶ ⓐ かばんの中(なか)　ⓑ 財布(さいふ)や雑誌(ざっし)など

➡ ________________________________

❷ ⓐ テレビ台(だい)の上(うえ)　ⓑ テレビとビデオ

➡ ________________________________

❸ ⓐ 郵便局(ゆうびんきょく)の近(ちか)く　ⓑ コーヒーショップと本屋(ほんや)

➡ ________________________________

❹ ⓐ 部屋(へや)の中(なか)　ⓑ 机やいすやベッドなど

➡ ________________________________

3. 다음 질문에 일본어로 답하세요.

❶ ここはどこですか。

➡ ________________________________。

❷ 机(つくえ)の上(うえ)に何(なに)がありますか。（〜や〜や〜など）

➡ ________________________________。

❸ 大学(だいがく)はどちらですか。

➡ ________________________________。

다음을 일본어로 쓰세요.

1. 대학 앞 버스정류장은 어디입니까?

➲ ________________________________。

2. 서점 옆에 우체국과 편의점이 있습니다.

➲ ________________________________。

3. 대학 근처에는 PC방이 있습니다. 하지만 영화관은 없습니다.

➲ ________________________________。

4. 방 안에 책상과 의자와 침대 등이 있습니다.

➲ ________________________________。

새로운 단어와 표현

きっぷ売り場 표 파는 곳
映画館 영화관
テレビ台 TV받침대
ネットカフェー PC방
コンビニ 편의점
コーヒーショップ 커피숍
ビデオ 비디오
お手洗い 화장실
雑誌 잡지
ベッド 침대

MEMO

何人家族ですか

학습포인트

1. 가족 구성원과 조수사
2. ~がいます | 사람과 동물의 존재표현

기본문형

1. 何人兄弟(なんにんきょうだい)ですか。
2. 弟(おとうと)はいません。でも、妹(いもうと)がひとりいます。
3. 子犬(こいぬ)も一匹(いっぴき)います。

커피숍에서 | コーヒーショップで

山下ユミ　: ユリさん、それは何(なん)の写真(しゃしん)ですか。

イムユリ　: これですか。私(わたし)の家族写真(かぞくしゃしん)ですよ。

山下ユミ　: こちらがご両親(りょうしん)ですか。

イムユリ　: はい、そうです。父(ちち)と母(はは)です。

山下ユミ　: 何人兄弟(なんにんきょうだい)ですか。

イムユリ　: 2人兄弟(きょうだい)です。私(わたし)は長女(ちょうじょ)で、弟(おとうと)が一人(ひとり)います。

山下ユミ ： 弟さんは学生ですか。

イムユリ ：はい、今年 20歳で、大学１年生です。ユミさんも弟さんがいますか。

山下ユミ ：いいえ、弟はいません。でも妹がひとりいます。あの、この方はどなたですか。

イムユリ ：私の祖母です。全員で5人家族です。それに、子犬も一匹います。

새로운 단어와 표현

家族 가족
両親 부모님
兄弟 형제
妹 여동생
祖母 할머니
子犬 강아지
長女 장녀
父 아버지
何人 몇 명
20歳 20살
今年 올해
写真 사진
母 어머니
弟 남동생
どなた 누구 (だれ의 높임말)
それに 게다가

문형해설

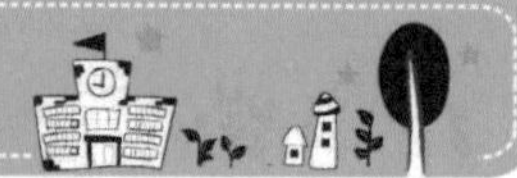

1 사람과 동물의 존재 표현

います	いますか	いません
있습니다	있습니까	없습니다

① 恋人(こいびと)がいます。

② a. 車(くるま)の下(した)に何(なに)かいますか。

b. はい、います。

a. 何がいますか。

b. ペットがいます。

③ a. 教室の中に誰(だれ)がいますか。

b. 誰(だれ)もいません。

④ 部屋(へや)には何(なに)もいません。

2 「お」/「ご」+ 명사

「お」, 「ご」가 명사 앞에 붙어서 상대방에 대한 경의를 나타내기도 하고, 품격이나 아름답게 표현을 하는 미화어로 사용되기도 한다.

① ご+ 한자어 : ご家族(かぞく)、ご兄弟(きょうだい)

예외 お電話(でんわ)、お宅(たく)

② お+ 일본어 고유어 : お名前(なまえ)、お仕事(しごと)、お米(こめ)、お水(みず)

예외 ごゆっくり

3 명사 で　　　　　　　~이고

명사의 연결형이다.

① ユリさんは韓国人(かんこくじん)で、ユミさんは日本人(にほんじん)です。

② ユミさんは日本人(にほんじん)で、渋谷大学(しぶやだいがく)の学生(がくせい)です。

③ キムさんは一番目(いちばんめ)で、長女(ちょうじょ)です。

4 가족의 호칭

일본어에서는 자기가족을 부르는 말과 남의 가족을 부르는 말을 다르게 구분하여 사용한다.

가족 명칭	자기 가족	남의 가족	자기 가족을 부를 때
가족	家族(かぞく)	ご家族(かぞく)	—
형제 / 자매	兄弟(きょうだい)	ご兄弟(きょうだい)	—
아버지	父(ちち)	お父(とう)さん	お父(とう)さん
어머니	母(はは)	お母(かあ)さん	お母(かあ)さん
부모 / 부모님	両親(りょうしん)	ご両親(りょうしん)	—
오빠, 형	兄(あに)	お兄(にい)さん	お兄(にい)さん
누나, 언니	姉(あね)	お姉(ねえ)さん	お姉(ねえ)さん
남동생	弟(おとうと)	弟(おとうと)さん	なまえ
여동생	妹(いもうと)	妹(いもうと)さん	なまえ
할아버지	祖父(そふ)	お祖父(じい)さん	お祖父(じい)さん
할머니	祖母(そぼ)	お祖母(ばあ)さん	お祖母(ばあ)さん
아저씨 (숙부)	おじ	おじさん	おじさん
아주머니 (숙모)	おば	おばさん	おばさん

새로운 단어와 표현

お名前(なまえ) 이름　　お仕事(しごと) 일　　お米(こめ) 쌀

一番目(いちばんめ) 첫 번째

5 시간의 표현

재작년	작년	올해	내년	내후년	매년
一昨年(おととし)	去年(きょねん)、昨年(さくねん)	今年(ことし)	来年(らいねん)	再来年(さらいねん)	毎年(まいとし)、毎年(まいねん)
그저께	어제	오늘	내일	모레	글피
おととい	昨日(きのう)	今日(きょう)	明日(あした)	明後日(あさって)	しあさって

6 조수사

何人(なんにん) (사람)		何歳(なんさい) (나이=おいくつ)		何匹(なんびき) (마리)	
1人	ひとり	1歳	いっさい	1匹	いっぴき
2 人	ふたり	2 歳	にさい	2 匹	にひき
3 人	さんにん	3 歳	さんさい	3 匹	さんびき
4 人	よにん	4 歳	よんさい	4 匹	よんひき
5 人	ごにん	5 歳	ごさい	5 匹	ごひき
6 人	ろくにん	6 歳	ろくさい	6 匹	ろっぴき
7 人	しちにん、ななにん	7 歳	ななさい	7 匹	ななひき
8 人	はちにん	8 歳	はっさい	8 匹	はっぴき
9 人	きゅうにん、くにん	9 歳	きゅうさい	9 匹	きゅうひき
10 人	じゅうにん	10 歳	じゅっさい	10 匹	じゅっぴき
11 人	じゅういちにん	11 歳	じゅういっさい	11 匹	じゅういっぴき
14 人	じゅうよにん	14 歳	じゅうよんさい	14 匹	じゅうよんひき
20 人	にじゅうにん	20歳	はたち	20匹	にじゅっぴき

문형연습

1. 다음 보기와 같이 문장을 완성하세요.

보기

図書館(としょかん) ・ 学生(がくせい) ・ だれ

➡ 図書館(としょかん)に学生(がくせい)がいます。

図書館にはだれもいません。

❶ 台所(だいどころ) ・ ごきぶり ・ 何(なに)

➡ ＿＿＿＿＿＿＿＿＿＿＿＿＿＿＿＿＿＿＿＿。

＿＿＿＿＿＿＿＿＿＿＿＿＿＿＿＿＿＿＿＿。

❷ ひろしさんのとなり ・ 池田先生(いけだせんせい) ・ だれ

➡ ＿＿＿＿＿＿＿＿＿＿＿＿＿＿＿＿＿＿＿＿。

＿＿＿＿＿＿＿＿＿＿＿＿＿＿＿＿＿＿＿＿。

❸ 飲(の)み屋(や) ・ 先輩(せんぱい)たち ・ だれ

➡ ＿＿＿＿＿＿＿＿＿＿＿＿＿＿＿＿＿＿＿＿。

＿＿＿＿＿＿＿＿＿＿＿＿＿＿＿＿＿＿＿＿。

❹ 家(いえ)の周(まわ)り ・ のらねこ ・ 何(なに)

➡ ＿＿＿＿＿＿＿＿＿＿＿＿＿＿＿＿＿＿＿＿。

＿＿＿＿＿＿＿＿＿＿＿＿＿＿＿＿＿＿＿＿。

2. 그림을 보고 다음 질문에 보기와 같이 답하세요.

보기

ユリさんはどこにいますか。

➡ ユリさんは食堂(しょくどう)にいます。

❶ ユミさんはどこにいますか。

➡ ＿＿＿＿＿＿＿＿＿＿＿＿＿＿＿＿＿＿＿＿。

❷ 猫(ねこ)はどこにいますか。

➡ ＿＿＿＿＿＿＿＿＿＿＿＿＿＿＿＿＿＿＿＿。

❸ 池田先生(いけだせんせい)はどこにいますか。

➡ ＿＿＿＿＿＿＿＿＿＿＿＿＿＿＿＿＿＿＿＿。

❹

彼氏(かれし)はどこにいますか。

➡ ＿＿＿＿＿＿＿＿＿＿＿＿＿＿＿＿＿＿＿＿。

3. 다음 보기와 같이 한 문장으로 연결하세요.

보기

私(わたし)は学生(がくせい)です。彼氏(かれし)は会社員(かいしゃいん)です。

➡ 私は学生で、彼氏は会社員です。

1. ユリさんは留学生(りゅうがくせい)です。ユリさんは韓国人(かんこくじん)です。

   ➡ ＿＿＿＿＿＿＿＿＿＿＿＿＿＿＿＿＿＿＿＿。

2. 弟(おとうと)さんは20歳(はたち)です。弟さんは大学生(だいがくせい)です。

   ➡ ＿＿＿＿＿＿＿＿＿＿＿＿＿＿＿＿＿＿＿＿。

3. 父は48歳です。父は会社員(かいしゃいん)です。

   ➡ ＿＿＿＿＿＿＿＿＿＿＿＿＿＿＿＿＿＿＿＿。

4. ひろしさんは兄弟(きょうだい)の中(なか)で2番目(ばんめ)です。ひろしさんは次男(じなん)です。

   ➡ ＿＿＿＿＿＿＿＿＿＿＿＿＿＿＿＿＿＿＿＿。

새로운 단어와 표현

台所(だいどころ) 부엌
先輩(せんぱい)たち 선배들
ソファー 소파
2番目(ばんめ) 두 번째
ごきぶり 바퀴벌레
廊下(ろうか) 복도
研究室(けんきゅうしつ) 연구실
次男(じなん) 차남
飲(の)み屋(や) 술집
のらねこ 들고양이
彼氏(かれし) 남자친구

들어봅시다

1. 다음 대화 내용을 잘 듣고 질문에 답하세요.

1. ユリさんは何人兄弟(なんにんきょうだい)ですか。

   ① 1人　② 2人　③ 3人　④ 4人

2. ユリさんの弟(おとうと)さんは大学生(だいがくせい)ですか。

   ① はい、大学生です。

   ② いいえ、大学生じゃありません。高校生(こうこうせい)です。

3. ユリさんの弟(おとうと)さんは何歳(なんさい)ですか。

   ① 18歳　② 19歳　③ 20歳　④ 21歳

4. ユミさんは弟(おとうと)さんがいますか。

   ① はい、います。　② いいえ、いません。

2. 다음 질문을 잘 듣고, 일본어로 답하세요.

1. ________________________________。

2. ________________________________。

3. ________________________________。

말해봅시다

1. 그림을 보고 다음 질문에 보기와 같이 답하세요.

보기

教室(きょうしつ)の中(なか)に何(なに)かいますか。

➡ はい、蜂(はち)がいます。

❶ 池田先生(いけだせんせい)の研究室に何(なに)かいますか

➡ いいえ、＿＿＿＿＿＿＿＿＿＿。

❷ 車(くるま)の中(なか)に誰(だれ)かいますか。

➡ いいえ、＿＿＿＿＿＿＿＿＿＿。

❸ ユリさんのとなりに誰(だれ)かいますか。

➡ はい、＿＿＿＿＿＿＿＿＿＿。

❹ ソファーの上に何(なに)かいますか。

➡ はい、＿＿＿＿＿＿＿＿＿＿。

2. 다음 질문에 보기와 같이 답하세요.

보기

ⓐ ユリさん ⓑ 私(わたし) ⓒ 22歳

A : ⓐ ユリさんはおいくつですか。

B : ⓑ 私(わたし)は 今年 ⓒ 22歳です。

1. ⓐ お母(かあ)さん ⓑ 母(はは) ⓒ 45歳
2. ⓐ お父(とう)さん ⓑ 父(ちち) ⓒ 48歳
3. ⓐ 弟(おとうと)さん ⓑ 弟(おとうと) ⓒ 20歳
4. ⓐ 妹(いもうと)さん ⓑ 妹(いもうと) ⓒ 11歳

3. 다음 질문에 보기와 같이 답하세요.

보기

ⓐ 教室(きょうしつ)の中(なか) ⓑ 日本語(にほんご)の先生(せんせい) ⓒ 2人

A : ⓐ 教室(きょうしつ)の中(なか)にだれがいますか。

B : ⓑ 日本語の先生 がいます。

A : 何人(なんにん)いますか。

B : ⓒ 2人います。

1. ⓐ 教室の中 ⓑ 男子学生(だんしがくせい)と女子(じょし)学生 ⓒ 8人ずつ
2. ⓐ ジム ⓑ トレーナー ⓒ 4人
3. ⓐ 部屋(へや) ⓑ 赤(あか)ちゃん ⓒ 1人

새로운 단어와 표현

蜂(はち) 벌
男子学生(だんしがくせい) 남학생
女子学生(じょしがくせい) 여학생
ずつ ~씩
ジム 헬스장
トレーナー 트레이너
赤(あか)ちゃん 아기

1. 다음 질문에 일본어로 답하세요.

❶ あなたは何人家族(なんにんかぞく)ですか。

➡ ______________________________。

❷ あなたはおいくつですか。

➡ ______________________________。

❸ あなたはお祖母(ばあ)さんとお祖父(じい)さんがいますか。

➡ ______________________________。

❹ 今(いま)、あなたはどこにいますか。

➡ ______________________________。

2. 다음을 일본어로 쓰세요.

❶ 교실 안에는 아무도 없습니다.

➲ ______________________________。

❷ 남동생은 장남이고, 대학 1학년생입니다.

➲ ______________________________。

❸ 우리 가족은 4명입니다.

➲ ______________________________。

❹ 남자친구는 어디에 있습니까?

➲ ______________________________。

그림으로 익히기

동 물

虎(とら) 　ライオン

豚(ぶた) 　猫(ねこ) 　犬(いぬ) 　鼠(ねずみ)

うさぎ 　蛇(へび) 　蛙(かえる) 　こおろぎ

ごきぶり 　あり

MEMO

ビール3本ください

학습포인트

1. 물건을 살 때 쓰이는 조수사
2. ~ください | 정중한 부탁표현

기본문형

1. ビール3本(ほん)ください。
2. キムチもりあわせ一つください。
3. 全部(ぜんぶ)で3,850円です。

숯불 고기구이 집에서 | 焼肉屋(やきにくや)で

店員(てんいん)　：いらっしゃいませ。何名様(なんめいさま)ですか。

山下ユミ　：3人です。

店員(てんいん)　：こちらへどうぞ。

店員(てんいん)　：ご注文(ちゅうもん)は？

ユジンウ　：そうですね。とりあえず、ビール3本(ぼん)ください。

店員(てんいん)　：はい、ビール3本(ぼん)ですね。

ユジンウ　：はい。

店員(てんいん)　：お食事(しょくじ)のほうは？

山下ユミ　：えっと、カルビ2人前(にんまえ)とロース2人前(にんまえ)、

それから、キムチもり合(あ)わせ一つください。

店(てん)　員(いん)　：はい、確認(かくにん)させていただきます。

カルビ2人前とロース2人前、キムチもり合(あ)わせ一つですね。

山下ユミ　：はい、お願(ねが)いします。

店(てん)　員(いん)　：はい、かしこまりました。

山下ユミ　：すみません。いくらですか。

店(てん)　員(いん)　：はい。全部(ぜんぶ)で3,850円です。

山下ユミ　：じゃ、4,000円で。

店(てん)　員(いん)　：はい、4,000円 お預(あず)かりします。150円のお返(かえ)しです。

ありがとうございました。

새로운 단어와 표현

焼肉屋(やきにくや) 숯불고기구이집
注文(ちゅうもん) 주문
食事(しょくじ) 식사
2人前(ににんまえ) 2인분
一つ 하나
全部(ぜんぶ) 전부
確認(かくにん)させていただきます 확인 하겠습니다

いらっしゃいませ 어서 오세요
とりあえず 우선
カルビ 갈비
それから 그리고
かしこまりました 알겠습니다
お預(あず)かりします 받았습니다

何名様(なんめいさま) 몇 분
ビール 맥주
ロース 소의 등심살 (로스)
キムチもり合(あ)わせ 모듬김치
いくら 얼마
お返(かえ)し 거스름돈

문형해설

1 조수사

물건을 세는 단위를 말한다.

いくつ/ なんこ 물건 몇 개		なんぼん 가늘고 긴 물건	なんまい 얇고 평평한 물건	なんばい 몇 잔	なんさつ 몇 권
ひとつ	いっこ	いっぽん	いちまい	いっぱい	いっさつ
ふたつ	にこ	にほん	にまい	にはい	にさつ
みっつ	さんこ	さんぼん	さんまい	さんばい	さんさつ
よっつ	よんこ	よんほん	よんまい	よんはい	よんさつ
いつつ	ごこ	ごほん	ごまい	ごはい	ごさつ
むっつ	ろっこ	ろっぽん	ろくまい	ろっぱい	ろくさつ
ななつ	ななこ	ななほん	ななまい	ななはい	ななさつ
やっつ	はっこ	はっぽん	はちまい	はっぱい	はっさつ
ここのつ	きゅうこ	きゅうほん	きゅうまい	きゅうはい	きゅうさつ
とお	じゅっこ	じゅっぽん	じゅうまい	じゅっぱい	じゅっさつ

2 숫자읽기

10	20	30	40	50
じゅう	にじゅう	さんじゅう	よんじゅう	ごじゅう
60	70	80	90	
ろくじゅう	ななじゅう	はちじゅう	きゅうじゅう	
100	200	300	400	500
ひゃく	にひゃく	さんびゃく	よんひゃく	ごひゃく
600	700	800	900	
ろっぴゃく	ななひゃく	はっぴゃく	きゅうひゃく	
1000	2000	3000	4000	5000
せん	にせん	さんぜん	よんせん	ごせん
6000	7000	8000	9000	10000
ろくせん	ななせん	はっせん	きゅうせん	いちまん

3 ～ください　～주세요

정중하게 부탁하는 표현이다.

① ホットコーヒーとミルクティーください。

② もうひとつください。

③ 生(なま)ビール一杯(いっぱい)ください。

4 ～で　～해서

수량, 가격, 시간 등의 숫자에 붙어 한도를 나타내거나 기준을 나타낸다.

① 全部(ぜんぶ)でいくらですか。

② あとでお願(ねが)いします。

③ 3冊(さつ)で6,000円(えん)です。

새로운 단어와 표현

ホットコーヒー 뜨거운 커피　ミルクティー 밀크 티　もうひとつ 하나 더
生(なま)ビール 생맥주　いくら 얼마

문형연습

1. 다음 보기를 보고 보기와 같이 말을 바꿔서 말해 보세요.

보기

ⓐ 帽子(ぼうし) ⓑ 1,900円

A：この ⓐ 帽子(ぼうし)はいくらですか。

B：それは ⓑ 1,900円です。

1. ⓐ ブレスレット　ⓑ 6,000円
2. ⓐ ネックレス　ⓑ 10,500円
3. ⓐ かばん　ⓑ 8,000円
4. ⓐ 指輪(ゆびわ)　ⓑ 13,000円

2. 다음 보기와 같이 문장을 완성하세요.

보기

本(ほん) ・ 2冊(さつ) ・ 1,600円(えん) ➡ 本(ほん) 2冊(さつ)で1,600円です。

❶ ハンカチ ・ 4枚(まい) ・ 4,000円

➡ ____________________。

❷ コーラ ・ ふたつ ・ 360円

➡ ____________________。

❸ ハンバーガー ・ みっつ ・ 690円

➡ ____________________。

❹ たまご ・ 10個(こ) ・ 180円

➡ ____________________。

새로운 단어와 표현

帽子(ぼうし) 모자
かばん 가방
コーラ 콜라
ブレスレット 팔찌
指輪(ゆびわ) 반지
ハンバーガー 햄버거
ネックレス 목걸이
ハンカチ 손수건
たまご 달걀

1. 다음 숫자를 잘 듣고 받아쓰세요.

① ________________________________。

② ________________________________。

③ ________________________________。

④ ________________________________。

2. 다음 대화 내용을 잘 듣고 질문에 대답하세요.

① 유진우씨의 휴대폰 번호는?

➡ ________________________________。

② 야마시타 유미씨의 휴대폰 번호는?

➡ ________________________________。

새로운 단어와 표현

携帯電話(けいたいでんわ) 휴대폰　　番号(ばんごう) 번호　　次(つぎ) 다음
何番(なんばん) 몇 번

말해봅시다

1. 다음 보기와 같이 밑줄 친 부분에 말을 바꿔서 말해보세요.

보기

ⓐ りんご ⓑ ひとつ120円 ⓒ ふたつ ⓓ 240円

➡ A：この ⓐ りんごはいくらですか。
B：ⓑ ひとつ120円です。
A：じゃ、ⓒ ふたつください。
B：はい、ふたつで ⓓ 240円です。

❶ ⓐ オレンジ ⓑ ひとつ 80円 ⓒ むっつ ⓓ 480円

❷ ⓐ 豆腐(とうふ) ⓑ ひとつ 145円 ⓒ ふたつ ⓓ 290円

❸ ⓐ メロン ⓑ ひとつ 198円 ⓒ ふたつ ⓓ 396円

❹ ⓐ たまご ⓑ 1パック 168円 ⓒ 1パック ⓓ 168円

2. 다음 보기와 같이 밑줄 친 부분에 말을 바꿔서 말해보세요.

보기

ビール3本

➡ 店 員：ご注文(ちゅうもん)は？
Aさん：そうですね。とりあえず、ビール3本(ぼん)ください。
店 員：はい、ビール3本ですね。
Aさん：はい。

❶ 生ビール 2杯　　❷ コーヒー ひとつ

❸ オレンジジュース みっつ　　❹ 梅酒 ひとつ

3. 다음 보기와 같이 숫자를 넣어 음식 값을 지불하는 연습을 해 보세요.

보기

ⓐ 3,850 ⓑ 4,000 ⓒ 150

➡ Aさん：すみません。いくらですか。

店　員：はい。全部で ⓐ 3,850円です。

Aさん：じゃ、ⓑ 4,000円で。

店　員：はい、ⓑ 4,000円 お預かりします。

ⓒ 150円のお返しです。

ありがとうございました。

❶ ⓐ 300　ⓑ 500　ⓒ 200

❷ ⓐ 17,000　ⓑ 20,000　ⓒ 3,000

다음을 일본어로 쓰세요.

1. 어서 오세요. 몇 분이십니까?

➡ ____。

2. 3000엔 받겠습니다. 180엔 거스름돈입니다.

➡ ____。

3. 우선 맥주 3병 주세요.

➡ ____。

4. 갈비 2인분과 로스 2인분 그리고 모듬김치 하나 주세요.

➡ ____。

5. 휴대폰 번호는 010-3388-9981입니다.

➡ ____。

그림으로 익히기

주문메뉴

MENU

レギュラーメニュー		주메뉴
サンドイッチ		샌드위치
ダブルチーズバーガー	280円	더블치즈버거
チーズバーガー	230円	치즈버거
チキンフィレオ	180円	치킨버거
えびフィレオ	230円	새우버거
テリヤキバーガー	180円	데리야키버거
ブルゴギバーガー	220円	불고기버거
フィレオフィッシュ	100円	휘시버거

サイドメニュー		사이드메뉴
サイドサラダ	160円	사이드샐러드
チキンナゲット 1パック	100円	치킨너겟
フライポテト	120円	포테이토
スイートコーン	120円	스위트 콘
ホットアップルパイ	110円	뜨거운 애플파이
アイスクリーム	120円	아이스크림

ドリンクメニュー		드링크 메뉴
コーラ	120円	콜라
ファンタグレープ	120円	환타포도
オレンジジュース	120円	오렌지쥬스
ホットコーヒー	180円	뜨거운 커피
ココア	120円	코코아
アイスティ(ミルク/レモン)	130円	아이스티 (밀크 / 레몬)

とてもおいしいです

학습포인트

1. い형용사의 활용

   ~いです | 현재 긍정형

   ~くありません | 현재 부정형

   ~い時(とき) | 명사수식형

2. ~くて | 중지법

기본문형

1. とてもおいしいです。
2. やわらかくておいしいです。
3. それは冷(つめ)たいものですか。

   いいえ、冷(つめ)たくありません。あたたかいです。

숯불 고기구이 집에서 | 焼肉屋(やきにくや)で

山下ユミ ：これが和牛(わぎゅう)のカルビです。どうぞ。

イムユリ ：はい、いただきます。

山下ユミ ：ユリさん、味(あじ)のほうはどうですか。

イムユリ ：とてもやわらかくておいしいですね。

山下ユミ　：ジンウさんはどうですか。

ユジンウ　：すごくおいしいです。ビールも。

イムユリ　：あのう、それは何ですか。

山下ユミ　：これは日本のお酒です。

イムユリ　：あ、そうですか。それは冷たいものですか。

山下ユミ　：いいえ、冷たくありません。あたたかいです。
いっぱい、どうですか。

イムユリ　：いいえ、ユミさんとジンウさん、どうぞ。
私はお水でいいです。

새로운 단어와 표현

和牛 일본 소
～ほう ～쪽
やわらかい 부드럽다
もの ～것
いっぱい 한잔
いい 좋다

どうぞ 어서 드세요
とても 매우
おいしい 맛있다
冷たい 차갑다
どうですか 어때요

味 맛
すごく 굉장히
お酒 술
あたたかい 따뜻하다
お水 물

문형해설

い형용사

「い형용사」는 사물의 모양이나 상태와 성질, 사람의 감정이나 속성 등을 나타내는 말이다. 그 자체로서 술어가 되며, 어미가 「~い」로 끝나고 그 어미가 활용을 한다.

い형용사 활용

기본형	정중형	부정형	명사 수식형	어간+くて
	기본형＋です	어간＋くありません (＝くないです)	기본형＋명사	
忙(いそが)しい	忙(いそが)しいです	忙(いそが)しくありません	忙(いそが)しい時(とき)	忙(いそが)しくて
おいしい	おいしいです	おいしくありません	おいしいご飯(はん)	おいしくて
楽(たの)しい	楽(たの)しいです	たのしくありません	楽(たの)しい時	たのしくて
いい	いいです	よくありません	いい人(ひと)	よくて

1 기본형＋です　~습니다.

い형용사의 기본형에 「~です」를 붙이면 정중한 긍정표현이 된다.

① 毎日(まいにち)、忙(いそが)しいです。

② とてもおいしいです。

③ 授業(じゅぎょう)は楽(たの)しいです。

2 어간＋くありません　～지 않습니다. (＝～くないです)

い형용사의 어미 「い」대신에 「～くありません」으로 바꾸면 부정표현이 된다.

① この本は面白くありません。
② 今までの成績はよくありません。
③ そんなに悪くないです。

3 기본형 ＋ 명사 : 명사수식형

い형용사의 기본형에 명사가 붙는다.

① 今日はいい天気ですね。
② それはおもしろい映画です。
③ 彼女はかわいい人です。

4 ～くて　～하고

어미를 「い」 대신에 「くて」를 붙여서 앞 뒤 문장의 단어 의미가 비슷한 말들끼리 연결하여 나열의 의미를 나타낸다.

① 日本語の授業はとても面白くて楽しいです。
② この教室は広くて明るいです。
③ A : お母さんはどんな方ですか。
　 B : そうですね。優しくていい人です。

새로운 단어와 표현

今まで 지금까지　　成績 성적　　天気 날씨

TIP い형용사

단어	의미	단어	의미
甘(あま)い	달다	苦(にが)い	쓰다
忙(いそが)しい	바쁘다	いい	좋다
寒(さむ)い	춥다	暑(あつ)い	덥다
大(おお)きい	크다	小(ちい)さい	작다
涼(すず)しい	시원하다	あたたかい	따뜻하다
優(やさ)しい	자상하다	冷(つめ)たい	차다
強(つよ)い	강하다	弱(よわ)い	약하다
格好(かっこう)いい	멋지다	楽(たの)しい	즐겁다
易(やさ)しい	쉽다	難(むずか)しい	어렵다
おもしろい	재미있다	つまらない	재미가 없다
高(たか)い	비싸다 / 높다	安(やす)い	싸다
おいしい	맛있다	まずい	맛없다
やわらかい	부드럽다	かたい	질기다 / 딱딱하다
長(なが)い	길다	短(みじか)い	짧다
かわいい	귀엽다	辛(から)い	맵다
広(ひろ)い	넓다	狭(せま)い	좁다
悪(わる)い	나쁘다 / 미안하다	暗(くら)い	어둡다
新(あたら)しい	새롭다	古(ふる)い	낡다

문형연습

1. 다음 보기와 같이 문형을 바꿔서 말해보세요.

보기

おいしい

➡ おいしいです。
あまりおいしくありません。（=おいしくないです。）

❶ 難(むずか)しい

➡ ＿＿＿＿＿＿＿＿＿＿＿＿＿＿＿＿。

＿＿＿＿＿＿＿＿＿＿＿＿＿＿＿＿。

❷ 強(つよ)い

➡ ＿＿＿＿＿＿＿＿＿＿＿＿＿＿＿＿。

＿＿＿＿＿＿＿＿＿＿＿＿＿＿＿＿。

❸ 悪(わる)い

➡ ＿＿＿＿＿＿＿＿＿＿＿＿＿＿＿＿。

＿＿＿＿＿＿＿＿＿＿＿＿＿＿＿＿。

❹ いい

➡ ＿＿＿＿＿＿＿＿＿＿＿＿＿＿＿＿。

＿＿＿＿＿＿＿＿＿＿＿＿＿＿＿＿。

2. 다음 보기와 같이 문장을 완성하세요.

보기

授業(じゅぎょう) ・ 面白(おもしろ)い ➡ 面白い授業です。

❶ 人(ひと) ・ かわいい

➡ ______________________________。

❷ 映画(えいが) ・ おもしろい

➡ ______________________________。

❸ お水(みず) ・ つめたい

➡ ______________________________。

❹ 料理(りょうり) ・ 辛(から)くない

➡ ______________________________。

3. 다음 단어를 보기와 같이 한 문장으로 완성하세요.

보기

狭(せま)い ・ 古(ふる)い ➡ 狭くて古いです。

❶ おもしろい ・ 楽(たの)しい

➡ ______________________________。

❷ 優(やさ)しい ・ かわいい

➡ ______________________________。

❸ 安(やす)い ・ おいしい

➡ ______________________________。

❹ 新(あたら)しい ・ いい

➡ ______________________________。

다음 대화 내용을 잘 듣고, 질문에 답하세요.

1 この日本のお酒(さけ)はつめたいですか。

① はい、つめたいです。

② いいえ、つめたくありません。あたたかいです。

2 きょうはあたたかいですか。

① はい、あたたかいです。

② いいえ、あたたかくありません。ちょっと寒(さむ)いです。

3 カルビの味(あじ)はどうですか。

① かたくてまずいです。　② あまくておいしいです。

③ やわらかくておいしいです。　④ あまくてまずいです。

새로운 단어와 표현

まずい 맛없다　かたい 질기다　あまい 달다

말해봅시다

1. 다음 보기와 같이 문형을 바꿔서 말해보세요.

보기

涼(すず)しい

➡ A：暑(あつ)いですか。

B：いいえ、あまり暑(あつ)くありません。涼(すず)しいです。

❶ 忙(いそが)しい A：忙(いそが)しいですか。

B：はい、とても ＿＿＿＿＿＿＿＿＿＿＿＿＿＿＿。

❷ 狭(せま)い A：この教室(きょうしつ)は広(ひろ)いですか。

B：いいえ、あまり ＿＿＿＿＿＿＿＿＿＿。狭(せま)いです。

❸ 古(ふる)い A：家(いえ)は古(ふる)いですか。

B：はい、＿＿＿＿＿＿＿＿＿＿＿＿＿＿＿＿＿＿。

❹ 易(やさ)しい A：授業(じゅぎょう)は難(むずか)しいですか。

B：いいえ、＿＿＿＿＿＿＿＿＿＿＿＿。易(やさ)しいです。

2. 다음 보기와 같이 밑줄 친 부분에 말을 바꿔서 연습해 보세요.

보기

ⓐ ブルゴギの味(あじ) ⓑ やわらかい ⓒ おいしい

➡ A：ⓐ ブルゴギの味はどうですか。
B：ⓑ やわらかくて ⓒ おいしいです 。

1. ⓐ 大学生活(だいがくせいかつ) ⓑ 楽(たの)しい ⓒ いい
2. ⓐ チーズケーキ ⓑ 少(すこ)し甘(あま)い ⓒ おいしい
3. ⓐ 部屋(へや) ⓑ 広(ひろ)い ⓒ 明(あか)るい
4. ⓐ 日本語(にほんご) ⓑ 易(やさ)しい ⓒ おもしろい

3. 다음 보기와 같이 질문에 답하세요.

보기

ⓐ 部屋 ⓑ 明(あか)るい

➡ A：どんな ⓐ 部屋ですか。
B：ⓑ 明(あか)るい ⓐ 部屋です。

1. ⓐ 服(ふく) ⓑ かわいい
2. ⓐ 本(ほん) ⓑ 厚(あつ)い
3. ⓐ ピアス ⓑ 高(たか)い
4. ⓐ スパゲティー ⓑ おいしい

새로운 단어와 표현

大学生活(だいがくせいかつ) 대학생활　　チーズケーキ 치즈케익　　少(すこ)し 조금
厚(あつ)い 두껍다　　ピアス 귀걸이　　スパゲティー 스파게티

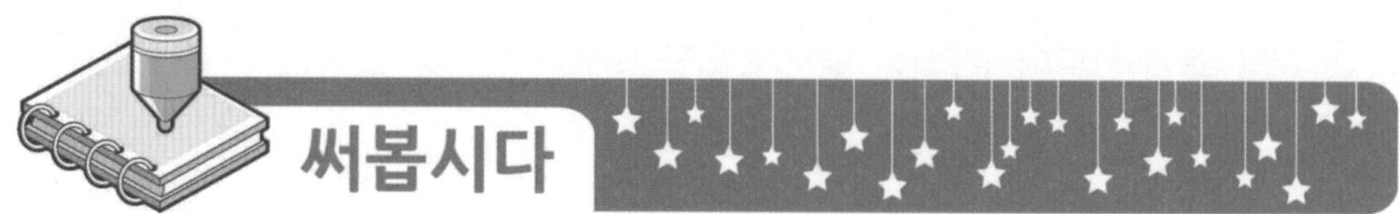

써봅시다

다음을 일본어로 쓰세요.

1. 불고기 맛은 매우 부드럽고 맛있어요.

➡ ____。

2. 이 일본 술은 차지 않습니다. 따뜻합니다.

➡ ____。

3. 재미있고 즐거운 일본어 수업입니다.

➡ ____。

4. 오늘 날씨는 그다지 좋지 않습니다.

➡ ____。

그림으로 익히기

い형용사

暑(あつ)い

寒(さむ)い

冷(つめ)たい

痛(いた)い

高(たか)い

安(やす)い

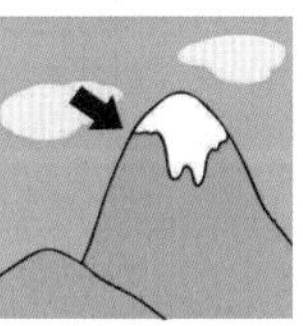

高(たか)い

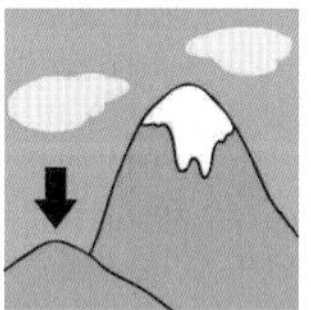

低(ひく)い

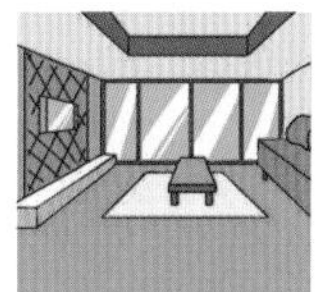

広(ひろ)い

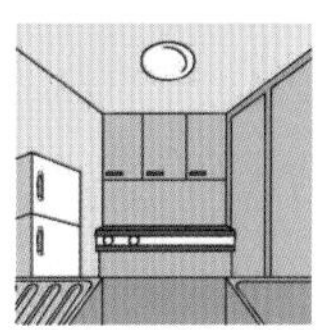

狭(せま)い

かわいい

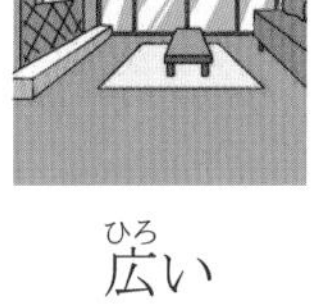

つまらない

面白(おもしろ)い

おいしい

まずい

しょっぱい

(味(あじ)が) 薄(うす)い

辛(から)い

悲(かな)しい

嬉(うれ)しい

MEMO

どんな映画が好きですか

학습포인트

1. な형용사의 활용
   ~です | 현재 긍정형
   ~では (=じゃ) ありません | 현재 부정형
   어간 + な+명사 | 명사수식형
2. ~で | 중지법
3. 비교표현

기본문형

1. どんな映画(えいが)が好(す)きですか。
2. ホラー映画(えいが)はあまり好きじゃありません。
3. 好(す)きな食(た)べものは刺身(さしみ)です。
4. やっぱり新鮮(しんせん)でとてもおいしいです。

학교 식당에서 | 学食(がくしょく)で

山下ユミ ： ジンウさん、趣味(しゅみ)は何(なん)ですか。

ユジンウ ： 映画鑑賞(えいがかんしょう)です。

山下ユミ ： そうですか。どんな映画(えいが)が好(す)きですか。

ユジンウ ： コメディー映画(えいが)とSF映画(えいが)が好きです。ユミさんはどうですか。

山下ユミ ： 私はどちらも好きですが、SF映画(えいが)のほうが好(す)きですね。

ユジンウ ： そうですか。怖(こわ)いホラー映画(えいが)も好(す)きですか。

山下ユミ ： はい、おもしろくて好(す)きですが、
SF映画(えいが)ほど好(す)きじゃありません。
ちょっと怖(こわ)くていやです。

ユジンウ　：実(じつ)は僕(ぼく)も嫌(きら)いです。ユミさんの趣味は？

山下ユミ　：私は料理(りょうり)です。

ユジンウ　：えっ、そうですか。料理が上手(じょうず)ですか。

山下ユミ　：いいえ、あまり上手(じょうず)じゃありません。でも、料理が好きです。
ジンウさん、好(す)きな食(た)べものは何ですか。

ユジンウ　：日本料理(にほんりょうり)の中(なか)では刺身(さしみ)が大好(だいす)きです。やっぱり新鮮(しんせん)でおいしいですね。それから、てんぷらと鍋料理(なべりょうり)も好きです。

山下ユミ　：今度(こんど)、私(わたし)の手料理(てりょうり)をごちそうします。

ユジンウ　：ええ、ありがとう。楽(たの)しみです。

새로운 단어와 표현

- 趣味(しゅみ) 취미
- 怖(こわ)い 무섭다
- いやだ 싫다
- 料理(りょうり) 요리
- やっぱり 역시
- 鍋料理(なべりょうり) 냄비요리
- ごちそうします 대접 하겠습니다
- 映画鑑賞(えいがかんしょう) 영화감상
- ホラー 호러
- 実(じつ)は 실은
- 上手(じょうず)だ 능숙하다
- 新鮮(しんせん)だ 신선하다
- 今度(こんど) 이번
- 楽(たの)しみだ 기대되다
- コメディー 코메디
- ほど 정도
- 嫌(きら)いだ 싫어하다
- 大好(だいす)きだ 너무 좋아하다
- てんぷら 튀김
- 手料理(てりょうり) 수제요리

문형해설

な형용사

「な형용사」는 「い형용사」와 같이 사물의 성질이나 상태, 모양과 사람의 속성이나 감정 등을 나타내는 말이다. 그 자체로서 술어가 되고 어미가 「~だ」로 끝난다는 것이 특징이며, 어미가 활용을 한다.

な형용사의 활용

기본형	정중형	정중부정형	명사수식형	어간+で
	어간+です	어간+ではありません	어간＋な명사	
きれいだ	きれいです	きれいではありません	きれいな花	きれいで
好きだ	好きです	好きじゃありません	好きな食べ物	好きで
同じだ	同じです	同じではありません	同じ年	同じで

※「同じだ」의 명사수식형의 경우는 예외.

1 ~です　~합니다

어미 「~だ」 대신에 「~です」로 바꾸면 정중한 긍정표현이 된다.

① この部屋は静かです。

② 彼のことが好きです。

③ 授業は退屈です。

2 ~では（=じゃ）ありません　~하지 않습니다

어미 「~だ」 대신에 「~では(=じゃ)ありません」로 바꾸면 부정표현이 된다.

① テニスがあまり上手(じょうず)ではありません。

② 父(ちち)はお酒(さけ)が好(す)きじゃありません。

③ 彼女(かのじょ)は素直(すなお)ではありません。

3 명사수식형　~한

어미 「~だ」 대신에 「~な」로 바꾸고 뒤에 명사를 붙이면 명사수식형이 된다.
이런 활용에서 「な형용사」라고 불리고 있다.

① A：好(す)きな食(た)べ物(もの)は何(なん)ですか。

　B：おでんです。

② きれいな花(はな)です。

③ とても親切(しんせつ)な人(ひと)です。

④ 嵐(あらし)は有名(ゆうめい)な歌手(かしゅ)です。

4 ~で　~하고

어미 「~だ」 대신에 「~で」로 바꾸면 「~하고」로 해석되며, 나열의 의미를 나타낸다.

① この辺(あた)りはきれいで、静(しず)かです。

② 日本語(にほんご)の先生(せんせい)は素敵(すてき)で、格好(かっこう)いいです。

③ 彼(かれ)は韓国料理(かんこくりょうり)が好(す)きで、彼女(かのじょ)は中華料理(ちゅうかりょうり)が好(す)きです。

5 ～が好きだ/ ～が嫌いだ　～을 좋아하다/ ～을 싫어하다
～が上手だ/ ～が下手だ　～을 잘하다 / ～을 잘 못하다
～が得意だ/ ～が苦手だ　～을 잘하다 / ～을 잘 못하다

「な형용사」중에 위에 제시한 기호나 가능의 대상을 나타낼 경우의 조사는 「を」가 아니라 「が」로 사용되는 점에 유의해야 한다.

① 料理が下手です。 (○)

料理を下手です。 (×)

② 私は酒がちょっと苦手です。 (○)

私は酒をちょっと苦手です。 (×)

6 비교 표현

(1) 2가지를 비교하는 경우

Q ：SF映画とホラー映画とどちらが好きですか。

A1：ホラー映画より SF映画のほうが好きです。

A2：どちらも好きですが、ホラー映画はSF映画ほど好きじゃありません。

(2) 3가지 이상의 사물을 비교하는 경우

A：果物の中で何が一番好きですか。

B：バナナが一番好きです。

새로운 단어와 표현

中華料理 중화요리　　果物 과일　　一番 가장, 제일

バナナ 바나나

TIP な형용사

단어	의미	단어	의미
静(しず)かだ	조용하다	賑(にぎ)やかだ	번화하다
退屈(たいくつ)だ	지루하다	楽(らく)だ	편하다
上手(じょうず)だ	능숙하다	下手(へた)だ	서투르다
素直(すなお)だ	솔직하다	親切(しんせつ)だ	친절하다
有名(ゆうめい)だ	유명하다	元気(げんき)だ	건강하다
好(す)きだ	좋아하다	嫌(きら)いだ	싫어하다
得意(とくい)だ	잘 하다	苦手(にがて)だ	서투르다
便利(べんり)だ	편리하다	不便(ふべん)だ	불편하다
ブスだ	못생기다(여)	素敵(すてき)だ	근사하다
安全(あんぜん)だ	안전하다	簡単(かんたん)だ	간단하다
十分(じゅうぶん)だ	충분하다	丈夫(じょうぶ)だ	튼튼하다
真面目(まじめ)だ	성실하다	きれいだ	예쁘다
複雑(ふくざつ)だ	복잡하다	鮮(あざ)やかだ	산뜻하다
幸(しあわ)せだ	행복하다	不幸(ふこう)だ	불행하다

문형연습

1. 다음 보기와 같이 문형을 바꿔서 말해 보세요.

보기

私(わたし)は元気(げんき)だ。

➡ 私(わたし)は元気(げんき)です。

私(わたし)は元気(げんき)ではありません。(=元気(げんき)じゃありません。)

❶ 彼(かれ)は親切(しんせつ)だ。

➡ ______________________。

______________________。

❷ 私(わたし)は幸(しあわ)せだ。

➡ ______________________。

______________________。

❸ あの人(ひと)はブスだ。

➡ ______________________。

______________________。

❹ 日本語(にほんご)が上手(じょうず)だ。

➡ ______________________。

______________________。

2. 다음 보기와 같이 한 문장으로 완성하세요.

보기

静(しず)かだ ・ 町(まち) ➡ 静かな町です。

❶ 丈夫(じょうぶ)だ・足(あし)

➡ ＿＿＿＿＿＿＿＿＿＿＿＿＿＿＿＿。

❷ 幸(しあわ)せだ・時間(じかん)

➡ ＿＿＿＿＿＿＿＿＿＿＿＿＿＿＿＿。

❸ 親切(しんせつ)だ・人(ひと)

➡ ＿＿＿＿＿＿＿＿＿＿＿＿＿＿＿＿。

❹ 有名(ゆうめい)だ・女優(じょゆう)

➡ ＿＿＿＿＿＿＿＿＿＿＿＿＿＿＿＿。

3. 다음 보기와 같이 한 문장으로 완성하세요.

보기

賑やかだ · 有名だ

➡ この町は賑やかで有名なところです。

❶ 親切だ · 素敵だ

➡ 日本語の先生は＿＿＿＿＿＿＿＿＿＿＿＿人です。

❷ 料理が上手だ · かわいい

➡ 私は＿＿＿＿＿＿＿＿＿＿＿＿女の子が好きです。

❸ きれいだ · 鮮やかだ

➡ それは＿＿＿＿＿＿＿＿＿＿＿＿服です。

❹ 素直だ · まじめだ

➡ 彼は＿＿＿＿＿＿＿＿＿＿＿＿人です。

새로운 단어와 표현

足 다리	時間 시간	女優 여배우
ところ 곳, 장소	女の子 여자	服 옷

1. 다음 대화 내용을 잘 듣고 질문에 답하세요.

1 ユリさんはどんなタイプが好きですか。

① まじめで素直(すなお)な人　② 素直(すなお)で元気(げんき)な人

③ 明(あか)るくて優(やさ)しい人　④ 明(あか)るい人

2 ユミさんはどんなタイプが好きですか。

① まじめで素直(すなお)な人　② 素直(すなお)で元気な人

③ 明(あか)るくて優(やさ)しい人　④ 明(あか)るい人

2. 다음 대화 내용을 잘 듣고 질문에 답하세요.

1 유미씨는 어떤 영화를 제일 좋아합니까?

① SF映画(えいが)　② コメディー映画(えいが)

③ ホラー映画(えいが)　④ スリラー映画(えいが)

2 유진우씨는 어떤 영화를 좋아합니까?

➔ ______________________________。

새로운 단어와 표현

スリラー　스릴러

말해봅시다

1. 다음 질문에 보기와 같이 말을 바꿔서 연습하세요.

보기

ところ ・ 有名(ゆうめい)だ

➡ A：どんなところですか。

B：有名(ゆうめい)なところです。

❶ 人(ひと)・ハンサムだ　　❷ 店(みせ)・親切(しんせつ)だ

❸ 授業(じゅぎょう)・大変(たいへん)だ　　❹ もの・便利(べんり)だ

2. 다음 질문에 보기와 같이 답하세요.

보기

汚(きたな)い

➡ A：イムさんの部屋(へや)はきれいですか。

B：いいえ、あまりきれいじゃありません。汚(きたな)いです。

❶ 元気(げんき)だ

➡ A：イムさんの友達(ともだち)は元気(げんき)ですか。

B：はい、まあまあ＿＿＿＿＿＿＿＿＿＿＿＿＿＿＿。

❷ 大変(たいへん)だ

➡ A：お勉強(べんきょう)は大丈夫(だいじょうぶ)ですか。

B：いいえ、ついていけません。＿＿＿＿＿＿＿＿＿＿です。

❸ 静(しず)かだ

➡ A：家(いえ)の周(まわ)りは静(しず)かですか。

B：はい、とても ＿＿＿＿＿＿＿＿＿＿＿＿＿＿。

❹ 忙(いそが)しい

➡ A：明日(あした)は暇(ひま)ですか。

B：いいえ、あまり＿＿＿＿＿＿＿＿＿＿＿＿＿＿。

ちょっと＿＿＿＿＿＿＿＿＿＿＿＿＿＿です。

3. 다음 질문에 보기와 같이 말해 보세요.

보기

A：ⓐ 果物(くだもの)の中(なか)で何(なに)がいちばん好(す)きですか。

B：ⓑ バナナがいちばん好(す)きです。

❶ ⓐ 食(た)べ物(もの)　　ⓑ キムチチゲ

❷ ⓐ スポーツ　　ⓑ バスケットボール

❸ ⓐ 映画(えいが)　　ⓑ スリラー

❹ ⓐ 飲(の)み物(もの)　　ⓑ ホットコーヒー

4. 다음 질문에 보기와 같이 답하세요.

보기

A：東京(とうきょう)と北海道(ほっかいどう)とどちらが寒(さむ)いですか。

B：東京より北海道のほうが寒いです。

1 A：みかんとりんごとどちらが好(す)きですか。

B：＿＿＿＿＿＿＿＿＿＿＿＿＿＿＿＿。

2 A：地下鉄(ちかてつ)とバスとどちらが速(はや)いですか。

B：＿＿＿＿＿＿＿＿＿＿＿＿＿＿＿＿。

3 A：ワインと焼酎(しょうちゅう)とどちらが苦手(にがて)ですか。

B：＿＿＿＿＿＿＿＿＿＿＿＿＿＿＿＿。

4 A：野球(やきゅう)とサッカーとどちらが上手(じょうず)ですか。

B：＿＿＿＿＿＿＿＿＿＿＿＿＿＿＿＿。

5. 다음 질문에 보기와 같이 말을 바꿔서 말해보세요.

보기

ⓐ 食べ物　ⓑ えびフライ

A：どんな ⓐ 食べ物が好きですか。
B：ⓑ えびフライが好きです。

1. ⓐ お酒　　ⓑ ワイン
2. ⓐ スポーツ　　ⓑ サッカー
3. ⓐ 季節　　ⓑ 秋
4. ⓐ 服　　ⓑ あざやかな方

새로운 단어와 표현

ハンサムだ 미남이다
ついていけない 따라 갈 수 없다
バスケットボール 농구
夏 여름
飲み物 마실 것
みかん 귤
バス 버스
野球 야구
えびフライ 새우튀김
大丈夫だ 괜찮다
暇だ 한가하다
季節 계절
秋 가을
東京 도쿄
りんご 사과
速い 빠르다
サッカー축구
まあまあ 그럭저럭
スポーツ 스포츠
春 봄
冬 겨울
北海道 홋카이도
地下鉄 지하철
焼酎 소주
食べ物 먹을 것

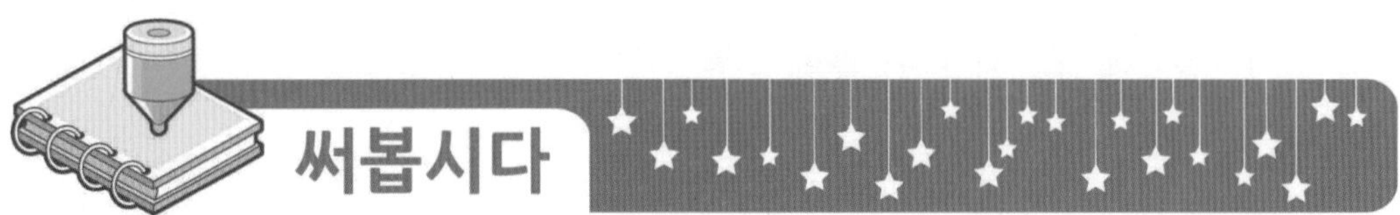

써봅시다

1. 다음을 일본어로 쓰세요.

❶ 좋아하는 음식은 생선회입니다.

➡ ______________________________。

❷ 내 취미는 영화감상입니다.

➡ ______________________________。

❸ 요리는 그다지 잘하지 못합니다. 하지만 요리를 좋아합니다.

➡ ______________________________。

❹ 생선회는 신선하고 맛있습니다.

➡ ______________________________。

2. 다음 질문에 답하세요.

❶ いちばん好(す)きな食(た)べ物(もの)は何(なん)ですか。

➡ ______________________________。

❷ 趣味は何ですか。

➡ ____。

❸ どんな季節が好きですか。

➡ ____。

❹ 江原道の江陵はどんな所ですか。

➡ ____。

그림으로 익히기

何(なに)が好(す)きですか。

＊ スポーツ

バスケットボール

サッカー

バレーボール

ピンポン

テニス

マラソン

＊ 果物(くだもの)

ぶどう 포도, りんご 사과, 梨(なし) 배, プラム 자두, 桃(もも) 복숭아
すいか 수박, いちご 딸기, メロン 멜론

＊ 食(た)べ物(もの)

韓国料理(かんこくりょうり)

和食(わしょく)

てんぷら, 焼(や)きとり

中華料理(ちゅうかりょうり)

図書館はお休みでしたか

학습포인트

1. 명사의 과거활용
   ~でした | 명사의 과거 긍정형
   ~ではありませんでした | 명사의 과거 부정형
2. い형용사의 과거활용
   ~かったです | い형용사의 과거 긍정형
   ~くありませんでした | い형용사의 과거 부정형
3. な형용사의 과거활용
   ~でした | な형용사의 과거 긍정형
   ~ではありませんでした | な형용사의 과거 부정형
4. 날짜와 시간 표현

기본문형

1. 図書館(としょかん)はお休(やす)みでしたか。
   いいえ、休(やす)みじゃありませんでした。
2. 閉館時間(へいかんじかん)が少(すこ)し早(はや)かったですね。
3. 学校(がっこう)の周(まわ)りは静(しず)かでしたか。
   いいえ、あまり静かじゃありませんでした。

도서관 로비에서 | 図書館のロビーで

イムユリ ： ユミさん、昨日、図書館はお休みでしたか。

山下ユミ ： いいえ、休みじゃありませんでした。
でも閉館時間は少し早かったですね。

イムユリ ： あ、そうでしたか。学校の周りは静かでしたか。

山下ユミ ： いいえ、あまり静かじゃありませんでした。
特に天気がよくてね、学生さんがいっぱいでしたよ。

イムユリ ： 本当にいい天気でしたよね。
ところで、みどりの日はどんな日ですか。

山下ユミ ： 昭和天皇の誕生日ですね。もとは4月29日でした。

2012
May(5)

Sun	Mon	Tue	Wed	Thur	Fri	Sat
		1	2	3	4	5
6	7	8				
13	14	15				
20	21	22				
27	28	29	30	31		

今日
4日　5日
みどりの日　こどもの日

イムユリ　：そうですか。今はいつですか。

山下ユミ　：5月4日です。昨日でした。

それから、今日はこどもの日です。

これから何か計画でもありますか。

イムユリ　：いいえ、何もありません。ユミさんはお勉強ですか。

山下ユミ　：はい、私はレポートがたくさんあります。

それで図書館にずっといます。

イムユリ　：じゃ、頑張ってください。

山下ユミ　：はい、それじゃ。お先に。

새로운 단어와 표현

ロビー 로비
閉館時間 폐관시간
何時 몇 시
周り 주변
天気 날씨
みどりの日 녹색의 날
もと 원래
何か 무언가
これから 이제부터
それで 그래서
お先に 먼저 (실례합니다)
昨日 어제
少し 조금
まで 까지
静かだ 조용하다
いっぱい 가득차다
昭和天皇 쇼와천황
いつ 언제
計画 계획
レポート 레포트
ずっと 계속
お休み 휴일
早い 빠르다
午後 오후
特に 특히
本当に 정말로
誕生日 생일
今日 오늘
～でも ～라도
たくさん 많다
頑張ってください 열심히 하세요

문형해설

1 명사의 과거형 활용

현재 정중형	과거 긍정형	과거 부정형
명사+です	명사+でした	명사+ではありませんでした =명사+じゃなかったです
学生(がくせい)です	学生(がくせい)でした	学生(がくせい)ではありませんでした
本(ほん)です	本(ほん)でした	本(ほん)じゃありませんでした
人(ひと)です	人(ひと)でした	人(ひと)じゃなかったです

(1) 명사 + でした　~이었습니다.

① 昨日(きのう)はみどりの日(ひ)でした。

② おとといはいい天気(てんき)でした。

(2) 명사 + ではありませんでした ~ 이/가 아니었습니다.
(=명사 + じゃありませんでした)

① 休(やす)みじゃありませんでした。

② 有名(ゆうめい)なところではありませんでした。

2 い형용사의 과거형 활용

현재 정중형	과거 긍정형	과거 부정형
기본형＋です	어간＋かったです	어간＋くありませんでした ＝ 어간＋くなかったです
楽(たの)しいです	楽(たの)しかったです	楽(たの)しくありませんでした
忙(いそが)しいです	忙(いそが)しかったです	忙(いそが)しくなかったです
いいです	よかったです	よくありませんでした
痛(いた)いです	痛(いた)かったです	痛(いた)くありませんでした

※「いい」의 활용은 예외.

(1) ～かったです ～ 했습니다.

い형용사의 어미 「い」 대신에 「かったです」로 바꾸면 과거 긍정형이 된다.

① 授業(じゅぎょう)は楽(たの)しかったです。

② 昨日(きのう)の合(ごう)コンはよかったです。

(2) ～くありませんでした ～ 하지 않았습니다. (=～くなかったです)

い형용사의 어미 「い」 대신에 「～くありませんでした」로 바꾸면 과거 부정형이 된다. 회화에서는「～くありませんでした」를 「～くなかったです」로 사용되기도 한다.

① 兄(あに)とはあまり仲良(なかよ)くありませんでした。

② その料理(りょうり)はおいしくなかったです。

3 な형용사의 과거형 활용

현재 정중형	과거 긍정형	과거 부정형
어간＋です	어간＋でした	어간＋ではありませんでした ＝ 어간＋じゃなかったです
きれいです	きれいでした	きれいではありませんでした
退屈(たいくつ)です	退屈(たいくつ)でした	退屈(たいくつ)じゃなかったです
同(おな)じです	同(おな)じでした	同(おな)じじゃありませんでした

(1) ～でした ～했습니다.

な형용사의 어미 「～だ」 대신에 명사와 같이 「～でした」로 바꾸면 과거 긍정형이 된다.

① この町(まち)はとても静(しず)かでした。

② 子供(こども)のころ、ピーマンが大(だい)きらいでした。

(2) ～ではありませんでした ～하지 않았습니다.

な형용사의 어미 「～だ」 대신에 명사와 같이 「～ではありませんでした」로 바꾸면 과거 부정형이 된다. 회화에서는 「～ではありませんでした」를 「～じゃなかったです」와 같이 사용되기도 한다.

① 日本語(にほんご)の文法(ぶんぽう)は簡単(かんたん)ではありませんでした。

② 子供(こども)のころ、魚(さかな)は好(す)きじゃなかったです。

4 날짜읽기

何月(なんがつ)ですか			
1月	2月	3月	4月
いちがつ	にがつ	さんがつ	しがつ
5月	6月	7月	8月
ごがつ	ろくがつ	しちがつ	はちがつ
9月	10月	11月	12月
くがつ	じゅうがつ	じゅういちがつ	じゅうにがつ
何日(なんにち)ですか			
1日	2日	3日	4日
ついたち	ふつか	みっか	よっか
5日	6日	7日	8日
いつか	むいか	なのか	ようか
9日	10日	11日	12日
ここのか	とおか	じゅういちにち	じゅうににち
14日	20日	24日	30日
じゅうよっか	はつか	にじゅうよっか	さんじゅうにち

① A：お誕生日(たんじょうび)はいつですか。

　B：5月15日です。

② A：みどりの日はいつですか。

　B：4月29日です。

새로운 단어와 표현

合(ごう)コン 소개팅　　子供(こども) 어린이　　ピーマン 피망

魚(さかな) 생선　　文法(ぶんぽう) 문법

문형연습

1. 다음 보기와 같이 문형을 바꿔서 연습하세요.

보기

今日(きょう)はお休(やす)みです。

➡ 昨日(きのう)はお休(やす)みでした。

昨日はお休(やす)みではありませんでした。

❶ 約束(やくそく)は1時です。

➡ 約束は________________。

約束は________________。

❷ 今日はいい天気(てんき)です。

➡ 昨日は________________。

昨日は________________。

❸ イムさんは高校生(こうこうせい)です。

➡ イムさんは________________。

イムさんは________________。

2. 다음 보기와 같이 문형을 바꿔서 연습하세요.

보기

この服(ふく)は高(たか)いです。

➡ とても高かったです。

あまり高くありませんでした。

❶ 今日(きょう)は忙(いそが)しいです。

➡ とても ______________________。

あまり ______________________。

❷ 日本語(にほんご)の授業(じゅぎょう)は難(むずか)しいです。

➡ とても ______________________。

あまり ______________________。

❸ 駅(えき)から近(ちか)いです。

➡ とても ______________________。

あまり ______________________。

3. 다음 보기와 같이 문형을 바꿔서 연습하세요.

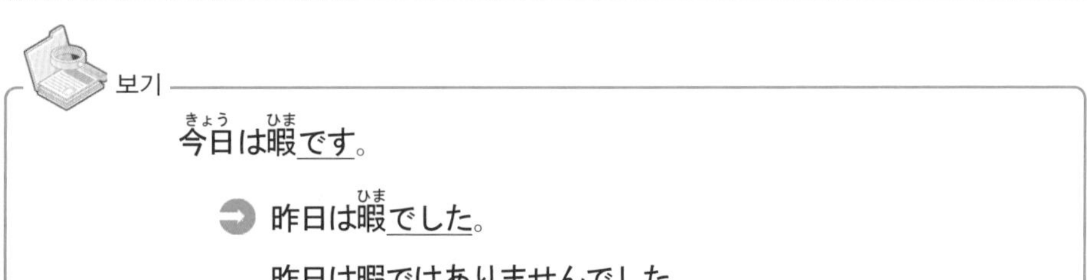

보기

今日(きょう)は暇(ひま)です。

➡ 昨日は暇(ひま)でした。

昨日は暇ではありませんでした。

1 豆(まめ)がきらいです。

➲ 豆(まめ)が ________________。
豆が ________________。

2 歌(うた)が上手(じょうず)です。

➲ 歌が ________________。
歌が ________________。

3 お酒(さけ)が苦手(にがて)です。

➲ お酒が ________________。
お酒が ________________。

4. 다음 질문에 보기와 같이 답하세요.

보기

3月 3日

➲ A：お誕生日(たんじょうび)はいつですか。
B：三月三日(さんがつみっか)です。

1 11月 20日

2 2月 26日

3 4月 15日

4 10月 9日

새로운 단어와 표현

約束(やくそく) 약속
駅(えき) 역
近(ちか)い 가깝다
暇(ひま)だ 한가하다
豆(まめ) 콩

1. 다음 날짜를 잘 듣고 받아쓰세요.

❶ ________________________________。

❷ ________________________________。

❸ ________________________________。

❹ ________________________________。

2. 다음 대화 내용을 잘 듣고, 질문에 답하세요.

❶ もともと、みどりの日はいつでしたか。

① 5月3日　② 4月29日　③ 5月4日　④ 4月30日

❷ みどりの日はどんな日でしたか。

① 昭和天皇(しょうわてんのう)の誕生日(たんじょうび)　② 子供(こども)の日(ひ)　③ 運動(うんどう)の日(ひ)

새로운 단어와 표현

運動 운동　日(ひ) 날

말해봅시다

1. 다음 질문에 보기와 같이 답하세요.

보기

易(やさ)しい

A：日本語(にほんご)の授業(じゅぎょう)は難(むずか)しかったですか。

B：いいえ、あまり難しくありませんでした。易(やさ)しかったです。

1 面白(おもしろ)い

A：映画(えいが)は眠(ねむ)かったですか。

B：いいえ、＿＿＿＿＿＿＿＿。＿＿＿＿＿です。

2 幸(しあわ)せだ

A：かれしとは幸(しあわ)せでしたか。

B：はい、＿＿＿＿＿＿＿＿＿＿＿＿。

3 怖(こわ)い

A：その乗(の)り物(もの)は怖(こわ)かったですか。

B：はい、とても＿＿＿＿＿＿＿＿＿＿。

❹ 性格(せいかく)がいい

➡ A：見合(みあ)いの相手(あいて)はハンサムでしたか。

B：いいえ、＿＿＿＿＿＿＿＿＿＿＿＿＿＿。

でも＿＿＿＿＿＿＿＿＿＿＿＿＿＿です。

2. 다음 보기와 같이 말을 바꿔서 말해 보세요.

보기

ⓐ お誕生日(たんじょうび)　ⓑ 3月24日

➡ A：ⓐ お誕生日(たんじょうび) はいつですか。

B：ⓑ 3月24日です。

❶ ⓐ 結婚記念日(けっこんきねんび)　ⓑ 5月 15日

❷ ⓐ 日本(にほん)のお盆(ぼん)　ⓑ 8月 15日

❸ ⓐ クリスマスイブ　ⓑ 12月 24日

❹ ⓐ お正月(しょうがつ)　ⓑ 1月 1日

1. 다음을 일본어로 쓰세요.

① 도서관의 폐관시간은 조금 빨랐어요.

➲ ______________________________。

② 어린이날은 5월 5일입니다.

➲ ______________________________。

③ 어제는 쉬는 날이었습니다.

➲ ______________________________。

④ 하지만 쉬는 날이 아니었습니다.

➲ ______________________________。

⑤ 날씨가 너무 좋았습니다.

➲ ______________________________。

2. 다음 질문에 답하세요.

1 お誕生日(たんじょうび)はいつですか。

➡ ______________________________。

2 ○○さんはどんな子供(こども)でしたか。

➡ ______________________________。

3 日本語の授業(じゅぎょう)は朝早(あさはや)いですか。

➡ ______________________________。

4 日本語(にほんご)の授業(じゅぎょう)はどうでしたか。

➡ ______________________________。

새로운 단어와 표현

乗(の)り物(もの) 놀이기구 　 見合(みあ)い 맞선 　 相手(あいて) 상대

그림으로 익히기

일본의 경축일

元日(がんじつ) 정월초하루 1月1日	海(うみ)の日(ひ) 바다의 날 7月16日
成人(せいじん)の日(ひ) 성인의 날 1月9日	敬老(けいろう)の日(ひ) 경로의 날 9月17日
建国記念(けんこくきねん)の日(ひ) 건국기념일 2月11日	秋分(しゅうぶん)の日(ひ) 추분의 날 9月22日
春分(しゅんぶん)の日(ひ) 춘분의 날 3月20日	体育(たいいく)の日(ひ) 체육의 날 10月8日
昭和(しょうわ)の日(ひ) 쇼와의 날 4月29日	文化(ぶんか)の日(ひ) 문화의 날 11月3日
憲法記念日(けんぽうきねんび) 헌법기념일 5月3日	勤労感謝(きんろうかんしゃ)の日(ひ) 근로감사의 날 11月23日
みどりの日(ひ) 녹색의 날 5月4日	天皇誕生日(てんのうたんじょうび) 천황탄생일 12月23日
こどもの日(ひ) 어린이 날 5月5日	

大学まで歩きますか

학습포인트

1. 동사의 활용
   ~ます | 현재 긍정형
   ~ません | 현재 부정형
   명사수식형
2. 시간표현
3. ~で | 동작행위의 장소

기본문형

1. 大学(だいがく)まで歩(ある)きますか。
2. いいえ、歩(ある)きません。
3. 自転車(じてんしゃ)で行(い)きます。
4. 図書館(としょかん)で勉強(べんきょう)します。
5. 寝(ね)るのはたいてい夜(よる)12時です。

대학교 기숙사 근처에서 | 大学の宿舎の近くで

武田ひろし: おはようございます。

イムユリ　: おはようございます。ひろし先輩。

武田ひろし: ユリさん、毎日 授業がありますか。

イムユリ　: はい、毎日午後 3時まであります。

武田ひろし: 大変ですね。大学まで歩きますか。

イムユリ　: いいえ、歩きません。自転車で行きます。

武田ひろし: たいてい 3時以降は何をしますか。

イムユリ　：図書館(としょかん)で勉強(べんきょう)しますが、
木曜日(もくようび)と金曜日(きんようび)はアルバイトをします。

武田(たけだ)ひろし：アルバイトは何時(なんじ)に始(はじ)まりますか。

イムユリ　：6時頃(じごろ)に始(はじ)まります。

武田(たけだ)ひろし：そうしたら、晩(ばん)ごはんはどこで食(た)べますか。

イムユリ　：アルバイト先(さき)で食(た)べます。

武田(たけだ)ひろし：寝るのはたいてい何時(なんじ)ごろですか。

イムユリ　：12時(じ)ごろに寝(ね)ます。

새로운 단어와 표현

先輩(せんぱい) 선배
午前(ごぜん) 오전
大変(たいへん)だ 힘들다, 고생이다
行(い)く 가다
勉強(べんきょう)する 공부하다
アルバイトをする 아르바이트 하다
晩(ばん)ごはん 저녁
毎日(まいにち) 매일
午後(ごご) 오후
自転車(じてんしゃ) 자전거
たいてい 대체로
木曜日(もくようび) 목요일
始(はじ)まる 시작되다
アルバイト先(さき) 알바하는 곳
授業(じゅぎょう) 수업
歩(ある)く 걷다
で ~로 (수단)
以降(いこう) 이후
金曜日(きんようび) 금요일
そうしたら 그렇다면
寝(ね)る 자다

문형해설

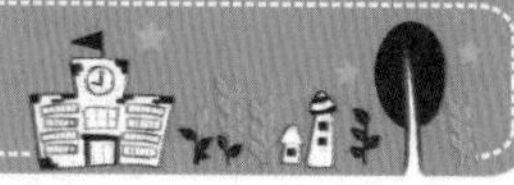

동사의 활용

동사는 사람이나 사물의 동작이나 상태를 나타내는 말이다. 그 자체로서 술어가 되며, 어미가 활용을 한다. 일본어 동사에는 다음 3가지로 분류된다.

(1) 1그룹동사 (5단 활용동사)

규칙동사로 어미가 5단 (あ단, い단, う단, え단, お단) 에 걸쳐 활용된다.
어미는 다음 보기와 같이 「う단」으로 끝난다.
단, 어미가 「る」로 끝나는 경우는 「～る」 직전이 あ단, う단, お단이어야 한다.

보기 会(あ)う、行(い)く、泳(およ)ぐ、話(はな)す、待(ま)つ、死(し)ぬ、休(やす)む、遊(あそ)ぶ、ある、売(う)る、通(とお)る
※ 예외동사 : 帰(かえ)る、走(はし)る、要(い)る、入(はい)る、知(し)る

(2) 2그룹동사 (1단 활용동사)

규칙동사로 1단 (い단이나 え단) 에서만 활용한다.
어미는 「る」로 끝난다. 다음 보기와 같이 「～る」 직전이 い단 또는 え단이어야 한다.

보기 いる、起(お)きる、食(た)べる、寝(ね)る、見(み)る

(3) 3그룹동사 (변격 활용동사)

불규칙동사로 来(く)る, する (= 동작성 명사 + する) 가 있다.

보기 来(く)る、する、勉強(べんきょう)する

1 동사의 ます형의 활용

- 긍정 ～ます　　～합니다
- 부정 ～ません　　～하지 않습니다

동사의 분류	기본형	활용규칙	～ます	～ません
1그룹동사	会(あ)う	어미 う단을 → い단으로	会(あ)います	会(あ)いません
	行(い)く		行(い)きます	行(い)きません
	泳(およ)ぐ		泳(およ)ぎます	泳(およ)ぎません
	話(はな)す		話(はな)します	話(はな)しません
	待(ま)つ		待(ま)ちます	待(ま)ちません
	死(し)ぬ		死(し)にます	死(し)にません
	休(やす)む		休(やす)みます	休(やす)みません
	遊(あそ)ぶ		遊(あそ)びます	遊(あそ)びません
	ある		あります	ありません
2그룹동사	いる	어미る를 → 삭제	います	いません
	食(た)べる		食(た)べます	食(た)べません
3그룹동사	来(く)る		来(き)ます	来(き)ません
	する		します	しません
	勉強(べんきょう)する		勉強(べんきょう)します	勉強(べんきょう)しません

① たいてい朝(あさ)ごはんを食(た)べます。

② 本屋(ほんや)で友達(ともだち)に会(あ)います。

③ 日本語(にほんご)を話(はな)します。

새로운 단어와 표현

朝(あさ)ごはんを食(た)べる 아침을 먹다　　友達(ともだち)に会(あ)う 친구를 만나다　　話(はな)す 이야기하다

2 시간읽기

何時(なんじ)ですか			
1時	2時	3時	4時
いちじ	にじ	さんじ	よじ
5時	6時	7時	8 時
ごじ	ろくじ	しちじ	はちじ
9時	10時	11時	12時
くじ	じゅうじ	じゅういちじ	じゅうにじ
何分(なんぷん)ですか。			
1分	2 分	3 分	4 分
いっぷん	にふん	さんぷん	よんぷん
5 分	6 分	7 分	8 分
ごふん	ろっぷん	ななふん	はっぷん
9 分	10 分	11 分	12 分
きゅうふん	じゅっぷん	じゅういっぷん	じゅうにふん
15分	30分	半	
じゅうごふん	さんじゅっぷん	はん	

A：すみませんが、今(いま)、何時(なんじ)ですか。

B：4時30分(よじさんじゅっぷん)です。(＝4時半(はん)です)

3 요일읽기

何曜日(なんようび)ですか						
월요일	화요일	수요일	목요일	금요일	토요일	일요일
月曜日(げつようび)	火曜日(かようび)	水曜日(すいようび)	木曜日(もくようび)	金曜日(きんようび)	土曜日(どようび)	日曜日(にちようび)

① A：きょうは何曜日ですか。

B：きょうは火曜日です。

② A：アルバイトは火曜日にありますか。

B：いいえ、火曜日にはありません。木曜日と金曜日にあります。

4 ～で　　～에서

동작이 행해지는 장소를 나타낸다.

① 大学で授業を受けます。

② 食堂でご飯を食べます。

③ 図書館で勉強します。

5 ～で　　～로

도구나 수단을 나타낸다.

① お箸で食べます。

② バスで来ます。

③ 船便で送ります。

새로운 단어와 표현

授業を受ける 수업을 받다	食堂 식당	お箸 젓가락
船便 선편	送る 보내다	

문형연습

1. 다음 보기와 같이 문형을 바꿔서 말해보세요.

보기

自転車(じてんしゃ)に乗(の)る

➡ はい、自転車(じてんしゃ)に乗(の)ります。

いいえ、自転車(じてんしゃ)に乗(の)りません。

① 大学(だいがく)に行(い)く。

➡ ＿＿＿＿＿＿＿＿＿＿＿＿＿＿＿＿＿＿＿＿。

＿＿＿＿＿＿＿＿＿＿＿＿＿＿＿＿＿＿＿＿。

② 説明(せつめい)が分(わ)かる。

➡ ＿＿＿＿＿＿＿＿＿＿＿＿＿＿＿＿＿＿＿＿。

＿＿＿＿＿＿＿＿＿＿＿＿＿＿＿＿＿＿＿＿。

③ 彼氏(かれし)がいる。

➡ ＿＿＿＿＿＿＿＿＿＿＿＿＿＿＿＿＿＿＿＿。

＿＿＿＿＿＿＿＿＿＿＿＿＿＿＿＿＿＿＿＿。

④ テレビを見(み)る。

➡ ＿＿＿＿＿＿＿＿＿＿＿＿＿＿＿＿＿＿＿＿。

＿＿＿＿＿＿＿＿＿＿＿＿＿＿＿＿＿＿＿＿。

5 家(いえ)に帰(かえ)る。

➜ ______________________________。

______________________________。

6 シャワーを浴(あ)びる。

➜ ______________________________。

______________________________。

2. 그림을 보고 다음 보기와 같이 질문에 답하세요.

보기

A：すみませんが、今、何時(なんじ)ですか。

B：ちょうど1時です。

1 午後(ごご) 4：20

➜ ______________________________。

2 午前(ごぜん) 9：26

➜ ______________________________。

3 12：00

➜ ______________________________。

새로운 단어와 표현

説明(せつめい)が分(わ)かる 설명을 이해하다	彼氏(かれし)がいる 남자친구가 있다	テレビを見(み)る TV를 보다
シャワーを浴(あ)びる 샤워하다	地下鉄(ちかてつ) 지하철	バス 버스
スプーン 숟가락	プレゼント 선물	宅急便(たっきゅうびん) 택배
ちょうど 정각	自転車(じてんしゃ)に乗(の)る 자전거를 타다	家(いえ)に帰(かえ)る 집에 가다

❹ 7：30

➡ ＿＿＿＿＿＿＿＿＿＿＿＿＿＿＿＿＿＿＿＿。

3. 그림을 보고 보기와 같이 문장을 완성하세요.

보기

6：00

➡ 6時に起きます。

❶ 8：50

➡ ＿＿＿＿＿＿＿＿＿＿＿＿＿＿＿＿＿＿＿＿。

❷ 오전 9：00～오후 3：00

➡ ＿＿＿＿＿＿＿＿＿＿＿＿＿＿＿＿＿＿＿＿。

❸ 12：00～1：00

➡ ＿＿＿＿＿＿＿＿＿＿＿＿＿＿＿＿＿＿＿＿。

❹ 4：00～9：00

➡ ＿＿＿＿＿＿＿＿＿＿＿＿＿＿＿＿＿＿＿＿。

❺ 9：30

➡ ＿＿＿＿＿＿＿＿＿＿＿＿＿＿＿＿＿＿＿＿。

4. 그림을 보고 다음 보기와 같이 문장을 완성하세요.

보기

ⓐ 大学(だいがく)へ行(い)く　ⓑ バス

A：何(なに)で ⓐ 大学へ行きますか。

B：ⓑバスで行きます。

❶ ⓐ 家(いえ)に帰(かえ)る　ⓑ 地下鉄(ちかてつ)とバス

________________________________。

________________________________。

❷ ⓐ 会社(かいしゃ)へ行(い)く　ⓑ 車(くるま)

________________________________。

________________________________。

❸ ⓐ ご飯(はん)を食(た)べる　ⓑ スプーンとお箸(はし)

________________________________。

________________________________。

❹ ⓐ プレゼントを送(おく)る　ⓑ 宅急便(たっきゅうびん)

________________________________。

________________________________。

1. 다음 표현을 잘 듣고 받아쓰세요.

❶ 12:00 ➡ ________________________________。

❷ 11:45 ➡ ________________________________。

❸ 04:30 ➡ ________________________________。

❹ 07:23 ➡ ________________________________。

2. 다음 대화 내용을 잘 듣고 질문에 답하세요.

❶ ユリさんは毎日(まいにち)授業(じゅぎょう)がありますか。

① はい、あります。

② いいえ、ありません。

2 授業(じゅぎょう)は何時(なんじ)までありますか。

① 午前(ごぜん)12時まで ② 午後(ごご)3時まで

③ 午後(ごご)5時まで ④ 午前(ごぜん)10時まで

3 ユリさんは大学(だいがく)へ何で行きますか。

① 歩(ある)きます ② 自転車(じてんしゃ)で

③ バスで ④ 車(くるま)で

말해봅시다

1. 다음 보기와 같이 질문에 답하세요.

보기

毎日早く起きますか。(まいにちはやくおきますか)

いいえ、早く起きません。(はやく)

① たいてい朝ごはんを食べますか。(あさ、た)

➡ いいえ、＿＿＿＿＿＿＿＿＿＿＿＿＿＿。

② 授業はたいてい5時に終わりますか。(じゅぎょう、じ、お)

➡ はい、＿＿＿＿＿＿＿＿＿＿＿＿＿＿。

③ 毎日、シャワーを浴びますか。(まいにち、あ)

➡ はい、＿＿＿＿＿＿＿＿＿＿＿＿＿＿。

④ 毎日、アルバイトをしますか。

➡ いいえ、＿＿＿＿＿＿＿＿＿＿＿＿＿＿。

새로운 단어와 표현

終わる(お) 마치다　　よく 자주　　運動をする(うんどう) 운동하다
毎晩(まいばん) 매일 밤

2. 다음 보기와 같이 질문에 답하세요.

보기

A：大学(だいがく)まで何(なん)で来(き)ますか。

B：車で来ます。

1. 地下鉄(ちかてつ)
2. 高速(こうそく)バス
3. 歩(ある)き
4. 自転車(じてんしゃ)

3. 다음 질문에 일본어로 답하세요.

1. 毎日何時(まいにちなんじ)に起(お)きますか。

➡ ＿＿＿＿＿＿＿＿＿＿＿＿＿＿＿＿＿＿＿＿。

2. たいてい朝ごはんを食べますか。

➡ ＿＿＿＿＿＿＿＿＿＿＿＿＿＿＿＿＿＿＿＿。

3. 昼(ひる)ごはんはどこで食(た)べますか。

➡ ＿＿＿＿＿＿＿＿＿＿＿＿＿＿＿＿＿＿＿＿。

4. 日本語(にほんご)の授業(じゅぎょう)はいつありますか。

➡ ＿＿＿＿＿＿＿＿＿＿＿＿＿＿＿＿＿＿＿＿。

5 きょうの授業は何時に終わりますか。

➡ ______________________________。

6 よく運動をしますか。

➡ ______________________________。

7 毎晩何時に寝ますか。

➡ ______________________________。

다음을 일본어로 쓰세요.

❶ 매일 수업이 오후 3시까지 있습니다.

➡ ______________________________。

❷ 고생이 많네요. 대학까지 걸어갑니까?

➡ ______________________________。

❸ 대체로 도서관에서 공부합니다.

➡ ______________________________。

❹ 저녁은 아르바이트 하는 곳에서 먹습니다.

➡ ______________________________。

그림으로 익히기

교통과 우편 수단

＊ 交通便(こうつうびん)

徒歩(とほ)

車(くるま)

バス

電車(でんしゃ) / 地下鉄(ちかてつ)

自転車(じてんしゃ)

バイク

＊ 郵便(ゆうびん)

宅急便(たっきゅうびん)

船便(ふなびん)

航空便(こうくうびん) / エアメール

書留(かきとめ)

普通便(ふつうびん)

速達(そくたつ)

EMS

부 록

회화연습 | 본문해석

들어봅시다 | 스크립트 및 정답

써봅시다 | 작문정답

회화연습 | 본문해석

제3과 인사

① 아침인사
A : 안녕하십니까?
B : 안녕하세요.

② 점심인사
A : 안녕하십니까?
B : 안녕하세요.

③ 저녁인사
A : 안녕하십니까?
B : 안녕하세요.

④ 헤어질 때
A : 안녕히 가세요.
B : 그럼, 또 봐요.
A : 잘 가.
B : 그럼.

⑤ 잠자리에 들 때
A : 안녕히 주무세요.
B : 잘 자라.

⑥ 식사할 때
A : 잘 먹겠습니다.
B : 잘 먹었습니다.

⑦ 감사할 때
A : 감사합니다.
B : 아니오, 천만에요.

⑧ 사과할 때
A : 미안합니다.
B : 아니오.

⑨ 축하할 때
A : 축하합니다.
B : 정말로 감사해요.

⑩ 부탁할 때
A : 잘 부탁드립니다.
B : 저도 잘 부탁드려요.

⑪ 권할 때
A : 어서 먼저.
B : 고마워요.

⑫ 귀가할 때
A : 어서 와.
B : 다녀왔어요.

⑬ 집을 나설 때
A : 다녀오겠습니다.
B : 다녀 와.

⑭ 방문 전 들어갈 때
A : 실례합니다.
B : 어서 오세요.

⑮ 방문 후 돌아갈 때
A : 실례했습니다.
B : 안녕히 가세요.

제4과 처음 뵙겠습니다

이케다교수님 연구실에서

임유리 : 처음 뵙겠습니다. 임유리 입니다. 잘 부탁드립니다.
이케다교수님 : 처음 뵙겠습니다. 이케다 입니다. 나도 잘 부탁해요.

이케다교수님 : 야마시타양, 이쪽은 임유리양.
야마시타 유미 : 처음 뵙겠습니다. 야마시타 유미입니다. 잘 부탁합니다.
임유리 : 처음 뵙겠습니다. 임유리입니다. 저도 잘 부탁합니다.
이케다교수님 : 임양은 한국에서 온 유학생이야. 잘 부탁해.
야마시타 유미 : 예.

야마시타 유미 : 임씨, 전공은 일본어에요?
임유리 : 예, 일본어에요. 유미씨의 전공도 일본어에요?
야마시타 유미 : 아니오, 일본어가 아니에요. 내 전공은 한국어에요.
지금 한국어 코스 4학년입니다.
임유리 : 그렇군요. 앞으로 잘 부탁드려요.

제5과 그것은 무엇인가요?

전자상가에서

유진우 : 저, 이것은 노트북인가요?
판매원 : 아니, 아닙니다.
유진우 : 뭔데요?
판매원 : 그것은 넷북입니다.
유진우 : 아, 그렇군요. 고맙습니다.

대학 강의실에서

야마시타 유미 : 진우씨, 그것은 뭔가요?
유진우 : 이거요?
야마시타 유미 : 예, 그래요.
유진우 : 이것은 한국제 휴대폰이요. 스마트폰요.
야마시타 유미 : 그 휴대폰은 진우씨 거예요?
유진우 : 아니오, 이것은 내 것이 아니에요. 임씨 겁니다.

제6과 대학교에 은행이 있어요?

거리에서

임유리 : 저기요, 실례합니다. 시부야대학 앞 버스정류장은 어디예요?
아주머니 : 저기요.
임유리 : 네, 감사합니다.

대학 교내에서

임유리 : 안녕하세요.
야마시타 유미 : 안녕하세요.
임유리 : 유미씨! 저, 학교에 은행이 있나요?
야마시타 유미 : 아뇨, 없어요. 하지만 ATM은 있는데요.
임유리 : 그래요. 우체국은 있나요?
야마시타 유미 : 예, 있습니다.

임유리 : 어디에 있나요?
야마시타 유미 : 서점 옆에 있어요.
임유리 : 그렇군요. 그런데 유학생센터 건물은 어디예요?
야마시타 유미 : 체육관 근처에 있어요.
임유리 : 그 건물에는 뭐가 있어요?
야마시타 유미 : 식당이랑 생협 등이 있어요. 아, 그 근처에 ATM도 있고요.
임유리 : 아, 그렇군요. 고마워요.

第7과 가족이 몇 명이에요?

커피숍에서

야마시타 유미 : 유리씨, 그건 무슨 사진이죠?
임유리 : 이거요? 내 가족사진요.
야마시타 유미 : 이쪽이 부모님이세요?
임유리 : 예, 그렇습니다. 아빠와 엄마에요.
야마시타 유미 : 형제가 몇 명이에요?
임유리 : 형제가 둘요. 내가 장녀이고, 남동생이 1명 있어요.
야마시타 유미 : 남동생은 학생이에요?
임유리 : 예, 올해 20살로 대학 1학년이에요. 유미씨도 남동생이 있나요?
야마시타 유미 : 아뇨, 남동생은 없어요. 하지만 여동생이 1명 있어요.
저기, 이분은 누구신가요?
임유리 : 내 할머니요. 모두 5식구에요. 게다가 강아지도 한 마리 있습니다.

第8과 맥주 3병 주세요

숯불 고기구이 집에서

점원 : 어서 오세요. 몇 분이십니까?
야마시타 유미 : 3명이에요.
점원 : 이쪽으로 오세요.
점원 : 주문은?
유진우 : 글쎄요. 우선 맥주3병 주세요.
점원 : 예, 맥주3병이죠?
유진우 : 예.
점원 : 식사는?
야마시타 유미 : 갈비 2인분과 로스 2인분, 그리고 모듬 김치 하나 주세요.
점원 : 네, 확인하겠습니다. 갈비 2인분과 로스 2인분, 모듬 김치 하나이시죠?
야마시타 유미 : 예, 잘 부탁합니다.
점원 : 알겠습니다.
야마시타 유미 : 저기, 얼마죠?
점원 : 네, 전부 3,850엔입니다.
야마시타 유미 : 그럼, 4,000엔에서.
점원 : 예, 4,000엔 받았습니다. 150엔 거스름돈입니다. 고맙습니다.

제9과 매우 맛있어요

숯불 고기구이 집에서

야마시타 유미 : 이것이 일본 소갈비에요. 어서 드세요.
임유리 : 예, 잘 먹겠습니다.
야마시타 유미 : 유리씨, 맛은 어때요?
임유리 : 매우 부드럽고 맛있네요.
야마시타 유미 : 진우씨는 어때요?
유진우 : 굉장히 맛있어요. 맥주도.
임유리 : 그것은 뭐예요?
야마시타 유미 : 이것은 일본 술이에요.
임유리 : 아, 그래요? 그건 찬 술인가요?
야마시타 유미 : 아니요, 차지 않아요. 따뜻해요. 한 잔 어때요?
임유리 : 아뇨, 유미씨와 진우씨! 드세요. 저는 물로 충분합니다.

제10과 어떤 영화를 좋아하세요?

학교 식당에서

야마시타 유미 : 진우씨, 취미는 뭐예요?
유진우 : 영화감상입니다.
야마시타 유미 : 그래요. 어떤 영화를 좋아하세요?
유진우 : 코메디 영화와 SF영화를 좋아합니다. 유미씨는요?
야마시타 유미 : 저는 둘 다 좋아하기는 하지만, SF영화 쪽을 좋아해요.
유진우 : 그렇군요. 무서운 공포 영화도 좋아하나요?
야마시타 유미 : 네, 재미있어서 좋아하기는 하지만, SF영화만큼 좋아하지는 않아요. 조금 무서워서 싫어요.
유진우 : 실은 나도 싫어합니다. 유미씨 취미는?
야마시타 유미 : 저는 요리요.
유진우 : 아, 그래요? 요리를 잘 하나요?
야마시타 유미 : 아뇨, 그다지 잘 하지는 못해요. 하지만 요리를 좋아합니다. 진우씨, 좋아하는 음식은 뭐예요?
유진우 : 일본요리 중에는 생선회를 제일 좋아합니다. 역시 신선해서 맛있어요. 그리고 튀김과 냄비 요리도 좋아합니다.
야마시타 유미 : 다음 기회에 제가 만든 요리를 대접할게요.
유진우 : 예, 고맙습니다. 기대가 됩니다.

제11과 도서관은 휴관이었나요?

도서관 로비에서

임유리 : 유미씨, 어제 도서관은 휴관이었나요?
야마시타 유미 : 아뇨, 쉬지 않았어요. 그렇지만 닫는 시간이 좀 빨랐어요.
임유리 : 아, 그랬군요. 학교 주변은 조용했나요?

야마시타 유미 : 아뇨, 그다지 조용하지 않았어요. 특히 날씨가 좋아서요, 학생들이 많았어요.
임유리 : 정말 좋은 날씨이었죠. 그런데 녹색의 날은 어떤 날인가요?
야마시타 유미 : 쇼와천황의 생일이에요. 원래는 4월29일이었어요.
임유리 : 그렇군요. 지금은 언제인데요?
야마시타 유미 : 5월4일이에요. 어제였어요. 그리고 오늘은 어린이 날이에요.
지금부터 뭔가 계획이라도 있나요?
임유리 : 아뇨, 아무런 계획도 없어요. 유미씨는 공부하세요?
야마시타 유미 : 네, 나는 레포트가 많아요. 그래서 도서관에 계속 있을 겁니다.
임유리 : 그럼, 열심히 하세요.
야마시타 유미 : 그럼, 먼저 (실례해요).

제12과 학교까지 걸어갑니까?

대학교 기숙사 근처에서

다케다 히로시 : 안녕하세요?
임유리 : 안녕하세요? 히로시 선배.
다케다 히로시 : 유리씨, 매일 수업이 있나요?
임유리 : 예, 매일 오후 3시까지 있어요.
다케다 히로시 : 고생이 많네요. 학교까지 걸어갑니까?
임유리 : 아뇨, 걸어가지 않아요. 자전거로 갑니다.
다케다 히로시 : 대체로 3시 이후에는 뭐 합니까?
임유리 : 도서관에서 공부하는데, 목요일과 금요일에는 아르바이트를 해요.
다케다 히로시 : 아르바이트는 몇 시에 시작합니까?
임유리 : 6시쯤에 시작돼요.
다케다 히로시 : 그러면 저녁식사는 어디서 먹습니까?
임유리 : 아르바이트하는 곳에서 먹어요.
다케다 히로시 : 자는 것은 대체로 몇 시경입니까?
임유리 : 12시쯤에 자요.

들어봅시다 | 스크립트 및 정답

第3과

보기 おはようございます。ー おはよう。

(1) おかえりなさい。ー ただいま。 (2) いってきます。ー いってらっしゃい。

(3) では、また。ー じゃね。 (4) ありがとうございます。ー いいえ、どういたしまして。

第4과

1. (1) はじめまして。 (2) イムユリです。
   (3) どうぞよろしくおねがいします。 (4) 私は韓国人です。

2. 山下ユミ：イムさん、専攻は日本語ですか。

   イム·ユリ：はい、日本語です。ユミさんの専攻も日本語ですか。

   山下ユミ：いいえ、日本語じゃありません。私の専攻は韓国語です。今、韓国語コースの4年生です。

   イム·ユリ：そうですか。これからよろしくお願いします。

정답 (1) ① (2) ② (3) ①

第5과

1. (1) 私は学生じゃありません。(2) これは何ですか。(3) この携帯はイムさんのです。

2. (1) 山下ユミ：ジンウさん、それは何ですか。

   ユジンウ：これですか。

   山下ユミ：はい、そうです。

   ユジンウ：これは韓国製の携帯です。スマートフォンですよ。

   山下ユミ：その携帯はジンウさんのですか。

   ユジンウ：いいえ、これは僕のじゃありません。イムさんのです。

   (2) ユジンウ：あの、ユミさん、それは何ですか。

   山下ユミ：これは英語の本です。

ユジンウ：その本はユミさんのですか。
山下ユミ：はい、私のです。

정답 (1) ② (2) ①

제6과

1. (1) 大学(だいがく)はどちらですか。 (2) あの本(ほん)は机(つくえ)の上(うえ)にあります。
   (3) 銀行(ぎんこう)は大学にありません。

2. イムユリ： ユミさん、あの、大学(だいがく)に銀行(ぎんこう)がありますか。
   山下ユミ： いいえ、ありません。でもATMはありますよ。
   イムユリ： そうですか。郵便局(ゆうびんきょく)はありますか。
   山下ユミ： ええ、あります。
   イムユリ： どこにありますか。
   山下ユミ： 本屋(ほんや)さんの隣(となり)ですね。

정답 (1) ② (2) ①

제7과

1. 山下ユミ： ユリさんは 何人兄弟(なんにんきょうだい)ですか。
   イムユリ： 2人兄弟(きょうだい)です。私(わたし)は長女(ちょうじょ)で、弟(おとうと)が一人(ひとり)います。
   山下ユミ： 弟(おとうと)さんは学生(がくせい)ですか。
   イムユリ： はい、今年(ことし) 20歳(はたち)で、大学(だいがく) 1 年生(ねんせい)ですよ。ユミさんも弟(おとうと)さんがいますか。
   山下ユミ： いいえ、弟(おとうと)はいません。でも妹(いもうと)がひとりいますね。

정답 (1) ② (2) ① (3) ③ (4) ②

2. (1) 今(いま)、おいくつですか。 (2) あなたは何人家族(なんにんかぞく)ですか。
   (3) 教室(きょうしつ)の中(なか)に学生がいますか。

제8과

1. (1) 14 (2) 340
   (3) 4,800 (4) 83,000

2. 山下ユミ： ユさん、すみませんが、携帯電話(けいたいでんわ)番号(ばんごう)は何番(なんばん)ですか。
   ユジンウ： ええと、010－4422－8777です。
   山下ユミ： ぜろいちぜろのよんよんにに の、次は何番ですか。

ユジンウ： はちなななななななです。
山下ユミ： ななが三つですね。
ユジンウ： はい、7が三つです。ユミさんの携帯電話(けいたいでんわ)の番号(ばんごう)は？
山下ユミ： 080－6028－2929です。
ユジンウ： ぜろはちぜろの、次は？
山下ユミ： 6028－2929です。
ユジンウ： ろくぜろにはちのにきゅうにきゅうですね。
山下ユミ： はい、そうです。

정답 (1) 010－4422－8777 (2) 080－6028－2929

제9과

(1) 山下ユミ： これは日本のお酒(さけ)です。
イムユリ： あ、そうですか。それはつめたいものですか。
山下ユミ： いいえ、つめたくありません。あたたかいです。

(2) 山下ユミ： 今日、天気(てんき)いいですね。
イムユリ： そうですね。とてもあたたかいです。

(3) 山下ユミ： これがカルビです。どうぞ。
イムユリ： ええ、いただきます。
山下ユミ： 味(あじ)のほうはどうですか。
イムユリ： とてもやわらかくておいしいですね。

정답 (1) ② (2) ① (3) ③

제10과

1. 山下ユミ： ユリさんはどんなタイプが好きですか。
イムユリ： そうですね。まじめで素直(すなお)な人が好きです。ユミさんはどんな人が好きですか。
山下ユミ： 私は性格が明るくて優しい人が好きです。

정답 (1) ① (2) ③

2. 山下ユミ： ジンウさんどんな映画(えいが)が好(す)きですか。
ユジンウ： コメディー映画(えいが)とSF映画が好きです。ユミさんはどうですか。
山下ユミ： 私はどちらも好きですが、SF映画のほうが好きですね。
ユジンウ： そうですか。怖(こわ)いホラー映画も好きですか。
山下ユミ： はい、おもしろくて好きですが、SF映画ほど好きじゃありません。

정답 (1) ① (2) コメディー映画(えいが)とSF映画が好きです。

第11과

1. (1) 1月1日　(2) 9月15日
   (3) 5月5日　(4) 12月25日

2. イムユリ： ユミさん、みどりの日(ひ)はいつですか。

   山下ユミ： もともとは4月(がつ)29日(にち)でした。

   イムユリ： そうですか。今(いま)はいつですか。

   山下ユミ： 5月4日(がつよっか)で、昨日(きのう)でしたね。

   イムユリ： あのう、みどりの日はどんな日ですか。

   山下ユミ： 昭和天皇(しょうわてんのう)の誕生日(たんじょうび)でした。

정답 (1) ② (2) ①

第12과

1. (1) ちょうど12時　(2) 11時 45分
   (3) 4時 30分　(4) 7時 23分

2. 武田(たけだ)ひろし： ユリさん、毎日(まいにち) 授業(じゅぎょう)がありますか。

   イムユリ　： はい、毎日(まいにち)午後(ごご) 3時まであります。

   武田(たけだ)ひろし： 大変(たいへん)ですね。大学(だいがく)まで歩(ある)きますか。

   イムユリ　： いいえ、歩(ある)きません。自転車(じてんしゃ)で行(い)きます。

정답 (1) ① (2) ② (3) ②

써봅시다 | 작문정답

제3과

1. (1) こんばんは。
   (2) いってきます。
   (3) いっていらっしゃい。
   (4) ただいま。
   (5) どうもありがとうございます。
2. (1) 잘 부탁드립니다.
   (2) 다녀왔습니다.
   (3) 어서 와요.
   (4) 실례합니다.

제4과

(1) はじめまして。イムユリです。
(2) 専攻は日本語です。
(3) 韓国語コースの一年生ですか。
(4) 私は中国からの留学生です。
(5) これからよろしくお願いします。

제5과

(1) それは何ですか。(2) このノートパソコンは私のじゃありません。友達のです。
(3) あのぬいぐるみはだれのですか。
(4) この方は日本語の先生です。

제6과

(1) 大学前のバス停はどこですか。
(2) 本屋のとなりに郵便局とコンビニがあります。
(3) 大学の近くにはネットカフェーがあります。でも映画館はありません。
(4) 部屋の中に机やいすやベッドなどがあります。

제7과

(1) 教室の中にはだれもいません。
(2) 弟は長男で、大学１年生です。
(3) 私の家族は4人です。
(4) かれしはどこにいますか。

제8과

(1) いらっしゃいませ。何名様ですか。
(2) 3,000円お預かりします。180円のお返しです。
(3) とりあえず、ビール3本ください。
(4) カルビ2人前とロース2人前、それから、キムチもりあわせ一つください。
(5) 携帯電話の番号はぜろいちぜろのさんさんはちはちのきゅうきゅうはちいちです。

제9과

(1) ブルゴギの味はとてもやわらかくておいしいです。
(2) この日本のお酒は冷たくありません。あたたかいです。
(3) 面白くて楽しい日本語の授業です。
(4) 今日の天気はあまりよくありません。

제10과

(1) 好きな食べ物は刺身です。
(2) 私の趣味は映画鑑賞です。
(3) 料理はあまり上手じゃありません。でも、料理が好きです。
(4) 刺身は新鮮でおいしいです。

제11과

(1) 図書館の閉館時間は少し早かったですね。
(2) こどもの日は5月5日です。
(3) 昨日はお休みでした。
(4) でも、休みじゃありませんでした。
(5) 天気がとてもよかったです。

제12과

(1) 毎日授業が午後3時まであります。
(2) 大変ですね。大学まで歩きますか。
(3) たいてい図書館で勉強します。
(4) 晩ご飯はバイト先で食べます。

 고 혜 정

· 일본 츠쿠바대학 (筑波大学) 대학원 석 · 박사과정 수료
· 언어학 박사. 일본어 음성 · 음운론 전공
· 현재 관동대학교 인문대학 일어일문학과 교수
· 현재 한국일본어교육학회 편집위원
· 현재 한국일본어학회 정보이사

· 저서 2010, 『日本語文型演習』 책사랑
2011, 『ほかほか日本語 STEP2』 책사랑
2011, 『にこにこ의료관광일본어』 책사랑

ほかほか日本語 STEP 1

개정판 1쇄 인쇄 2019년 02월 20일
개정판 1쇄 발행 2019년 02월 28일

저 자 고 혜 정
발 행 인 윤 석 현
발 행 처 제이앤씨
책임편집 최 인 노
등록번호 제7-220호

우편주소 서울시 도봉구 우이천로 353 성주빌딩 3층
대표전화 02) 992 / 3253
전 송 02) 991 / 1285
홈페이지 http://www.jncbms.co.kr
전자우편 jncbook@hanmail.net

ISBN 979-11-5917-139-0 13730 정가 14,000원